Franz Huber

In seiner Hand sind deine Sorgen

3.6.1939
3.6.1979
Für stille Stunden!

Franz Huber

In seiner Hand sind deine Sorgen

Herder
Freiburg · Basel · Wien

2. AUFLAGE

Imprimatur. – Freiburg im Breisgau, den 30. Januar 1978
Dr. Schlund, Domdekan
Herstellung: Freiburger Graphische Betriebe 1978
ISBN 3-451-18213-0

Vorwort

Der Titel dieses Buches spricht von der Hand Gottes und der Sorge des Menschen. Es ist ein Leitmotiv biblischen Betens, wie es in den Psalmen seinen unvergleichlichen Ausdruck gefunden hat, daß des Menschen Geschick, alle seine Stunden in Gottes Hand sind. Unter diesem leitenden Gedanken vereinigt das Buch eine Reihe von Betrachtungen, die – mehr von den Erfahrungen des menschlichen Lebens ausgehend – eine Hilfe für den Weg des Glaubens sein möchten. Die zahlreichen Aufsätze, die an kirchlichen Festen und Zeiten anknüpfen, sind vorerst noch etwas zurückgestellt.

Die Betrachtungen erschienen ursprünglich als Leitartikel in der Katholischen Wochenzeitschrift „Christ in der Gegenwart" und wurden für die Buchausgabe neu bearbeitet. Diese Veröffentlichung folgt einem vielfach und seit langem geäußerten Wunsch, nicht zuletzt von Mitbrüdern im priesterlichen Dienst und von Mitgliedern der großen Lesergemeinde der genannten Wochenschrift. Ihnen allen sei dieses Werk als Anregung für das Leben des Glaubens und für den Dienst der Verkündigung zugedacht.

Besonderen Dank schulde ich Herrn Dr. theol. hc. Karl Färber, der mich zum Schreiben mit Ermunterung und oft mit sanftem Druck anregte, sowie dem Verlag Herder, insbesondere Herrn Ulrich Schütz, der den Anstoß zur Veröffentlichung gab.

Franz Huber

Inhalt

Schicksalswende

„Als der Herr die Gefangenschaft Zions wendete, da waren wir alle wie Träumende, da war unser Mund voll Lachen und unsere Zunge voll Jubel.

Da sagte man unter den anderen Völkern: ‚Der Herr hat an ihnen Großes getan.' Ja, Großes hat der Herr an uns getan. Da waren wir fröhlich.

Wende doch, Herr, unser Geschick, wie du versiegte Bäche wieder füllst im Südland.

Die mit Tränen säen, werden mit Jubel ernten. Sie gehen hin unter Tränen und tragen den Samen zur Aussaat; sie kommen wieder mit Jubel und bringen ihre Garben ein."

Dieser Pslam 126 ist eine Kostbarkeit in seiner sprachlichen Schönheit, in der Kraft seiner Bilder, in der Tiefe der Zuversicht, aus der er lebt. Grundthema und Schlüsselwort: das Wort von der Wende des Geschicks, einer Wende, an die man nicht mehr zu glauben wagt, die man sich nur noch erträumen kann. Eine gute, glückliche Fügung gehört zu den fruchtbarsten Erfahrungen des Lebens. Sie kann sich zeigen, wenn am Morgen der Himmel aufklart für ein wichtiges Vorhaben; wenn eine böse Krankheit sich wendet zur Genesung; wenn nach Zweifeln und Prüfungen uns wieder Mut zufließt; wenn eine Entfremdung zwischen Menschen sich zu neuem Verstehen wendet.

Wo die Erfahrung einer solchen Wende uns ergreift, erfahren wir uns immer wie Träumende. Wir trauen der scheinbar so verschlossenen, starren und verfestigten Wirklichkeit diesen Wandel gar nicht zu. Eine solche glückliche Fügung und Wendung, besonders wenn sie unser Leben in der Tiefe berührt, verändert uns selbst. Sie schenkt uns die Einsicht, daß das Eigentliche nicht machbar und verfügbar ist, sondern Geschick und Geschenk. Israel weiß, woher dieser Zufall kommt: „Der Herr hat Großes an uns getan." Deshalb hat auch die Fröhlichkeit besonders tiefe Wurzeln.

Dies ist der verborgene Sinn aller „Wenden", der großen und der kleinen, der alltäglichen und der außerordentlichen, daß wir ahnen lernen: die Wirklichkeit ist nie so verschlossen und starr, so festgelegt und ausgedörrt, daß sich nicht alles unversehens wenden könnte, „wie die versiegten Bäche im Südland sich mit Wasser füllen", und daß wir in den kleinen und großen Fügungen den erkennen, der alles fügt und wendet, der Großes und Wunderbares tut, damit unser Herz fröhlich werde. Der Psalm lebt so aus einem Grundbestand biblischer Frömmigkeit: „Ich gedenke deiner früheren Wunder" (Ps 77, 12). In diesem erinnernden Gedenken scheint die Beständigkeit und Treue Gottes auf; sie ist der Grund zur Hoffnung gegen alle Hoffnung.

Der Psalm erschöpft sich jedoch nicht in Erinnerung an das Vergangene. Er spricht eine Bitte aus für die Gegenwart und die Zukunft. Es ist die einzige Bitte dieses Psalmes überhaupt. Sie ist äußerst knapp, enthält nur wenige Worte, aber sie umfaßt, glaubt und hofft alles, das Unglaubliche und Unmögliche: „Wende, Herr, unser Geschick."

Das ist die Bitte, die unserer Grundsituation entspricht; nicht bloß dies oder jenes muß sich wenden, sondern alles, unser ganzes verschlossenes, in sich verfangenes Dasein, die in Unheil verstrickte Welt, die in Spaltung und Kleinmut verzagte Kirche, ja jegliche Kreatur, die voll Sehnsucht auf die eigentliche Wende wartet. Es ist die Wende von der Enge in die Weite, von der Unfreiheit in die Freiheit, von der Sklaverei der Vergänglichkeit zur Unvergänglichkeit. Dann erst wird voll offenbar: Der Herr hat Großes an uns getan. So Großes, unsere Erwartung Übersteigendes, dürfen und sollen wir erhoffen. Der Herr, der versiegte Bäche mit Wasser füllt, der die Wüste zum Blühen bringt, der durch das Meer einen Weg öffnet, die Gefangenen heimführt und die Totengebeine zum Leben erweckt, wirkt es. Israel lebt aus dieser nach dem Letzten ausgreifenden Hoffnung. Diese Hoffnung ist nicht Utopie, nicht ein innerweltliches Prinzip Hoffnung, nicht Projektion der Sehnsüchte eines unterdrückten Volkes, das zuviel gelitten hat. Diese Hoffnung beruht auf einer klaren, geschichtlich faßbaren Zusage Gottes.

Mit dieser Verheißung klingt der Psalm aus: „Die in Tränen säen, werden mit Jubel ernten …" Es ist eine Verheißung voll von Überraschung und Widerspruch. Sie erfüllt sich anders, als wir es uns denken. „Meine Gedanken sind nicht eure Gedanken, und eure Wege sind nicht meine Wege, spricht der Herr" (Jes 55,8). Wo in Tränen gesät wird, da beginnt die große Wende, die Wende im eigenen Leben, in der Kirche und in der Welt. Die Wende keimt aus dem Sichweggeben und Hingeben, so wie der Same weggeworfen und der Erde übergeben wird; Wende wächst aus dem Opfer, Freude erblüht aus den Tränen. Wende des Geschicks kommt aus der Kraft der Hingabe, nicht aus dem Egoismus der Selbstbewahrung, aus dem Gesetz des Weizenkorns, das sterbend Frucht bringt. Die sich verschenkende Liebe ist die innere Kraft der Wende. In solches Säen klingt schon der Jubel der Ernte herein. Darum ist es Aussaat in Hoffnung.

Wende, die der Herr fügt – das Schlüsselwort dieses Psalms. Unser Dasein ist nicht verschlossen, sondern *immer* offen für solche Wende. Und oft, in den unscheinbaren Ereignissen des Tages, leuchtet etwas davon auf. „Wende doch, Herr, unser Geschick" – das kühne, nach dem Letzten ausgreifende Gebet, das vom Herrn alles erwartet: die Wende unserer Gefangenschaft in die offenbare Freiheit der Kinder Gottes. „Die in Tränen säen, werden mit Jubel ernten" – die Verheißung, auf der unsere Hoffnung steht.

In der Wende vom Tod des Gekreuzigten zur Auferstehung ist die Hoffnung Israels bestätigt. Dieser große Horizont wölbt sich aus christlicher Erfahrung über den Psalm. In der Feier des österlichen, eucharistischen Geheimnisse, in der Gnade, die das Wort der Vergebung bewirkt, kann solche Wende geschehen.

Ist es nicht erstaunlich, daß wir, das alte und das neue Gottesvolk, in einem Gebet, das Jahrtausende überbrückt, Gottes Taten, seine Treue und seine Verheißungen, preisen können?

Alles Vergeßnen gedenkst du

Die heutige Menschheit ist von tiefer Unruhe erschüttert. Sie sieht eine ihrer tödlichsten Bedrohungen täglich zunehmen: die Entwertung des Einzelnen, die Einengung seines persönlichen Freiheitsraumes. Dagegen erhebt sich weltweiter Protest. Auch dort, wo politische Freiheit garantiert ist, wächst diese Unfreiheit. Der Einzelne vermag immer weniger selbst zu entscheiden. Mehr als er glaubt, wird er fremdgesteuert. An seinem eigenen Schicksal und seiner Zukunft ist er kaum mehr mitbeteiligt. Ein riesiger Apparat schaltet ihn gleich. Ohne Gesicht und ohne Name wird er ein auswechselbares Rädchen im Getriebe, ein Konsument, eine Wählerstimme. Zwar gibt es noch Freiheitsraum für den, der Freiheit zu nutzen weiß. Doch haben sich viele mit dieser verwalteten, verplanten Welt abgefunden und fühlen sich wohl darin. Man muß nicht der neuen Linken angehören, um dies festzustellen. Die christliche Botschaft schärft den Blick dafür. Sie hat in einzigartiger Weise, mit geschichtlicher Auswirkung, der Welt die Würde, Unverletzlichkeit und Unauswechselbarkeit des Einzelnen zum Bewußtsein gebracht. Es ist heute die Stunde, diese Botschaft neu zu hören.

Bertolt Brecht hat in klassischer Prägnanz das Lebensgefühl des Menschen „ohne Name und Gesicht" beschrieben: „Lobet von Herzen das schlechte Gedächtnis des Himmels, und daß er nicht weiß euren

Nam' noch Gesicht. Niemand weiß, daß ihr noch da seid... Schauet hinan: Es kommt nicht auf euch an, und ihr könnt unbesorgt sterben."

Der Mensch, ein Vergessener, Verlorener, auf den es nicht ankommt, der stirbt, ohne daß ihn jemand vermißt, weil der Himmel ein schlechtes Gedächtnis hat! Wo sich der Mensch nicht selbst befreit und aus eigener Kraft eine menschliche Welt erkämpft, bleibt er ohne Name und Gesicht, weil kein Gott um ihn weiß.

Die biblische Botschaft sieht den Menschen anders. Er hat einen eigenen Namen, weil er mit seinem Namen gerufen ist, er hat ein Antlitz, weil ein Antlitz über ihm leuchtet. Seine unverwechselbare, unverlierbare Einmaligkeit ist nicht nur erkämpft, sie ist vorgegeben, geschenkt. „Ich habe dich bei deinem Namen gerufen, du bist mein" (Jes 43, 1). Keine Bedrohung der Anonymität kann je diesen Ruf und diesen eigenen Namen auslöschen.

Der Glaube, vor Gott einen Namen und ein Antlitz zu haben, hebt den Menschen heraus aus der Namen- und Antlitzlosigkeit. In der Botschaft des Neuen Testaments ist der Wert des Einzelnen noch leuchtender sichtbar. Jesus geht es zuerst nicht um neue Ordnungen, Systeme und Programme. Er spricht den Einzelnen an mit seinem Namen. Er rief die Zwölf, „daß sie bei ihm seien" (Mk 3, 13–14) mit Namen; jeden mit seiner Eigenart, seinem Schicksal, seinem Antlitz. Jesu Botschaft setzt nicht an bei Mehrheiten, sie breitet sich nicht aus mit Propaganda. Sie wendet sich nicht an anonyme Massen. Sie spricht immer ein Du an, ein Du mit Antlitz und Namen. Das Gleichnis vom verlorenen Schaf zeigt in fast bestürzender Schärfe, daß im Himmel der Einzelne gilt.

Brecht meint, zu loben sei „die Kälte, die Finsternis und das Verderben" und das „schlechte Gedächtnis des Himmels". Der Glaubende weiß sich dem antlitzlosen, stummen Reich der Finsternis entrissen. Ihn umgibt nicht eisige Einsamkeit. Er weiß sich mit Namen gerufen. Sein Gegenüber ist ein Antlitz. Das Dasein ist in seiner Tiefe nicht verwaltet, verplant, verrechnet. Es ist einmalig, unverwechselbar, aufgehoben in einer ewigen Erwählung. Nur das Wissen um den Namen und das Antlitz vor Gott entreißt den Menschen der zermalmenden Apparatur des Kollektivs.

Die geschichtsmächtige, umwandelnde Kraft des christlichen Glaubens hat sich vor allem in dieser Botschaft erwiesen. Sie muß heute, wo der soziologistische Aberglaube wuchert, neu verkündet, ergriffen und gelebt werden.

Zum Schluß sei in dieser Sache das Zeugnis einer Dichterin von außerordentlicher Geistigkeit und Sensibilität angeführt, der Nobelpreisträgerin Nelly Sachs. Ihre Situation ist unvergleichlich härter als die Brechts. Es ist das Grauen des KZ. Hier scheint das Wort vom schlechten Gedächtnis des Himmels bestätigt. „Niemand weiß, daß ihr noch da seid." Doch bei Nelly Sachs lautet die Konsequenz anders. Ein Du wird in dieser unmenschlichen Stummheit angeredet, ein Antlitz leuchtet hinter der Finsternis der Barbarei. „Alles Vergeßnen gedenkst du von Ewigkeit her" sind diese einzigartigen Verse überschrieben:

„Du gedenkst der Fußspur, die sich mit Tod füllte, bei dem Annahen des Häschers. Du gedenkst der bebenden Lippen des Kindes, als sie den Abschied von seiner Mutter erlernen mußten. Du gedenkst der Mutterhände, die ein Grab aushöhlten für das an ihrer

Brust Verhungerte. Du gedenkst der geistesverlorenen Worte, die eine Braut in die Luft hineinredete zu ihrem toten Bräutigam."

Grausamstes und Flüchtigstes zugleich ist genannt: eine Fußspur des Henkers, das Beben von Kinderlippen, Hände, die ein Grab aushöhlen, vor Schmerz irre Worte einer Braut, in die Luft hineingeredet. Und von all dem gilt: „Alles Vergeßnen gedenkst du von Ewigkeit her." In der letzten Vergessenheit ist die Erfahrung einer letzten Treue, eines ewigen Gedenkens, das allein den Menschen der Sinnlosigkeit entreißt, ihm Name und Antlitz und damit seine Freiheit sichert.

Heimsuchung

In der Heiligen Schrift gibt es Worte von besonderer Kostbarkeit, die mehr als die übrigen leuchten und strahlen. Sie sind erfüllt von der Erfahrung des Erbarmens Gottes und der großen Taten an seinem Volk. Solche Worte vermögen jene Hoffnung in uns zu befestigen, die aus der Geduld und dem Trost der Schrift kommt (Röm 15,4). „Heimsuchen" ist eines von diesen kostbaren, dichten Worten. „Heimsuchen wird uns der Aufgang von oben, die zu erleuchten, welche in Finsternis sitzen und Todesschatten" (Lk 1,78–79). Als „Heimsuchung" erkennt Zacharias „voll des Heiligen Geistes" den heranbrechenden Morgen der Erlösung, und er preist den Herrn, den Gott Israels, „weil er heimgesucht hat sein Volk und ihm Erlösung gebracht" (Lk 1,68).

Die Aussage der Schrift, die wir mit dem innigen deutschen Wort „heimsuchen" übersetzen, heißt im griechischen Text „episkopein" (das Amt der kirchlichen Leitung, Episkopus, Bischof, ist nach diesem Wort benannt worden). Im ursprünglichen Verständnis bedeutet das Wort: anschauen, auf etwas oder jemanden genau hinblicken; hinschauen, jedoch nicht nur mit dem Blick des kühlen, sachlichen Interesses, sondern so, daß dieses Hinschauen ein Sorgen, Sich-Kümmern, Wachen und Führen wird. In der gewöhnlichen Umgangssprache bezeichnete man deshalb mit diesem Wort die väterlich-herrscherliche Sorge des

Königs für sein Volk, das Hinschauen des Hirten auf seine Herde, das prüfende, sorgfältig wägende Mustern der Truppen durch den Feldherrn oder den Blick des Arztes, der so lange immer wieder hinschaut, bis er den Kranken und seine Krankheit so kennt, daß er helfen kann.

So wendet sich Gott seinem Volke zu, so schaut er es an. Dann ist es nicht mehr sich selbst überlassen, es ist in den Blick, in die Sorge Gottes aufgenommen. Wo aber dieses geschieht, wo ein Antlitz sich über uns neigt, da ist das Gestaltlose, Unheimliche und Fremde gebannt. Dieses Anschauen schafft Heimat und Geborgenheit, es ist Heimsuchung. Diese Heimsuchung, das Leuchten des Antlitzes Gottes über uns ist eine Urerfahrung der Heiligen Schrift. Sie erfüllt das Herz mit Freude, „größer, als wenn sie Weizen und Wein ernten in Überfluß" (Ps 4). Dieser Blick Gottes ist etwas Schöpferisches. Wo Gott hinblickt und zusieht, wendet sich das Geschick. Weil Gott die Not der verlassenen Hagar sah und die Unfruchtbarkeit der Sara und das Elend seines Volkes in Ägypten, hat er eingegriffen und alles zum Heile gewendet.

Die Fügungen des Lebens und der Geschichte als Heimsuchung Gottes zu verstehen gehört am meisten zu der Geduld und dem Trost, der aus der Schrift kommt und durch den wir Hoffnung haben können.

Die Heimsuchung Gottes hat noch eine weitere, unverkennbare Eigenart: Wenn das Licht seines heiligen Antlitzes sich in der dunklen Menschenwelt bricht, wenn sein gnädiges Eingreifen auf das böse Tun der Menschen stößt, offenbart es sich als *Gericht.* Gottes Heimsuchung überführt menschliches Planen als eitel und nichtig, menschliche Größe als überheblich und zerbrechlich. Die Stunde der Heimsuchung wird zur Stunde des Gerichtes. Im Psalm 89 wird von einem „heimsuchen mit Schlägen und Ruten" gesprochen (V. 33), das im tiefsten doch nicht Entzug der Gnade, der Treue und des Bundes ist. Die Schrift erleuchtet so sehr unseren Blick, daß wir auch in dieser dunkelsten Heimsuchung noch das liebende Antlitz des Vaters erkennen können.

Auf einen Menschen eingehen heißt immer *die rechte Stunde* erfassen. So geht auch Gott auf den Menschen ein. Gottes Heimsuchung hat ihre Stunde. Die Schrift spricht oft vom „Tag der Heimsuchung" und von „der Stunde der Heimsuchung". Vor Jerusalem stand eine solche Stunde, die es nicht erkannte und die deshalb zum Gerichte wurde (Lk 19, 44). Auch im Leben eines Menschen wird es solche Stunden der Heimsuchung geben: Stunden einer großen Freude, eines tiefen Leides, eines Wendepunktes oder die Erfahrung einer Grenze. Für diese Stunde bereit zu sein, sich ihr nicht zu verschließen und in ihrem Licht oder ihrem Dunkel das Antlitz Gottes zu sehen und seine Heimsuchung, ist eine der größten Gnaden, deren ein Mensch teilhaft werden kann.

Auf mannigfaltige Weise erfahren wir die Heimsuchung Gottes. Eine Heimsuchung aber gibt es, auf die alle anderen hinzielen, ein Aufleuchten des Antlitzes Gottes, das kein Dunkel mehr zudecken kann. Es ist jene Heimsuchung, die im Lobgesang des Zacharias als neuer Aufgang, als endgültige Rettung und Erlösung aufleuchtet: „Heimsuchen wird uns der Aufgang von oben, die zu erleuchten, welche in Finsternis sitzen und Todesschatten." *Im Kommen Jesu* hat Gott sein Volk heimgesucht. Er ist die Gestalt gewordene, reinste und lauterste Heimsuchung Gottes, voll Erbarmen und Verzeihen, voll Gnade und Wahrheit.

Jede Begegnung mit ihm ist eigentlichste „Stunde der Heimsuchung". Er ist der Zeuge und Garant dafür, daß Gott sein Volk angeschaut und heimgesucht hat. Darum nennt der erste Petrusbrief (2,25) Jesus geradezu den „Episkopus", den „Bischof" unserer Seelen, den Hirten, der auf seine Herde schaut, sie in das innerste Sorgen und Sinnen seines Herzens aufnimmt, sie heimsucht.

Seitdem Jesus in die Welt gekommen ist, hat sich Gottes Antlitz neu über sie geneigt und alles Verlorene und Vergessene angeschaut, heimgesucht und heimgeholt.

Gott allein kann den Menschen wahrhaft heimsuchen. Darum ist das Wort von der „Heimsuchung" und das Wort „heimsuchen" für ihn vorbehalten. Doch machen wir, wenn wir aufmerksam in den Schriften des Neuen Testamentes lesen, eine überraschende Entdeckung. Es nennt auch den *Dienst des kirchlichen Amtes* und den *brüderlichen Dienst an den Armen und Kranken* „heimsuchen". In beiden ist in besonderer Weise Gottes wache Sorge, Gottes erbarmendes Herabschauen auf sein Volk gegenwärtig. Menschen müssen sich also zur Verfügung stellen, aufeinander achtgeben und aufeinander schauen im wachsamen Dienst des kirchlichen Amtes und im gütigen Blick der Sorge und Liebe füreinander, damit Gottes Heimsuchung alle Verirrten und Verlorenen erreiche und umfange und bis zum letzten, großen und offenbaren „Tag der Heimsuchung", bei der Wiederkunft Jesu, der Lobgesang nicht verstumme: „Gott hat sein Volk heimgesucht."

Gott ist bei den Armen

Die Frage nach Gott verstummt nicht in der Welt. Die Parole „Gott ist tot" steht auf nicht sehr starken Füßen. Solange der Mensch selbst die eine, entscheidende, ungelöste Frage bleibt, kann Gott nicht sterben im Bewußtsein der Menschen.

Die Schriften des Alten und Neuen Bundes führen kaum „wissenschaftliche" Gottesbeweise. Sie bezeugen jedoch auf Schritt und Tritt das Handeln des lebendigen Gottes in der Geschichte. Eine in ihrer Spannung und Dichte großartige Aussage steht bei Jesaja 57,15: „So spricht der Hohe und Erhabene, der ewig thront und dessen Name ist ‚Der Heilige': In der Höhe und als Heiliger throne ich und bei den Zerschlagenen und Demütigen, daß ich den Geist der Gebeugten belebe und das Herz der Zerschlagenen erquicke." Unsere Frage, wo der Ort Gottes sei in unserem Dasein, wo er als Realität erfahren werden könne, wo unser Dasein von ihm verändert werde, wird entgegen unseren vordergründigen Erwartungen und Klischees mit der Gewißheit eines Gottesspruches beantwortet: „Bei den Zerschlagenen und Demütigen". Gott thront im Himmel als der Andere, über unsere Wege und Gedanken Erhabene, und er ist dort, wo die Hände so leer und das Herz so verzagt ist, daß seine Hilfe nicht mehr mit anderen Vertröstungen verwechselt werden kann.

Daß der Hohe und Heilige bei den Armen ist, wird

nicht nur in diesem Text gesagt. Dort wo Israels Erfahrung mit dem lebendigen Gott Gebet wird, in den *Psalmen,* gehört es zum Leitthema. Auch wenn man nur mehr zufällig Stellen aus ihnen herausgreift, ist die Eindeutigkeit der Aussage und der Freudenklang dieser Botschaft unüberhörbar. „Der Herr ist nahe denen, die zerbrochenen Herzens sind, hilft denen, die ein zerschlagenes Gemüt haben" (34, 19). Er hört auf das Rufen der Unglücklichen (34, 7), ihr Seufzen ist ihm nicht verborgen (38, 10), er schaut auf den Jammer und das Elend und nimmt es in seine Hand (10, 14); er zählt die Tage des Elends, er hebt die Tränen bei sich auf, sie stehen in seinem Buch (56, 9). So fest ist Gott mit den Armen verbündet, daß ihre Sache seine Sache wird: „Der Herr führt der Elenden Sache" (140, 13). So kostbar erscheinen seinen Augen die Armen, daß sie wohlgefällige Opfergabe sind: „Das Opfer, das Gott gefällt, ist ein zerbrochener Geist." „Ein zerschlagenes Herz, wirst du, o Gott, nicht verachten" (51, 19).

Vor allem aber klingt in den Aussagen über die Armen und Gebeugten immer wieder das Entscheidende auf: Sie sind *umleuchtet von Gottes Verheißungen*. Ihnen wird die Zukunft geschenkt. „Die Hoffnung der Elenden ist nicht ewig umsonst" (9, 19). „Die Gebeugten werden das Land gewinnen und Freude haben an der Fülle des Heiles" (37, 11). Die Angst und Not gesehen haben, wird er beleben und heraufführen aus den Tiefen der Erde (71, 20). Den aus dem Schlamm auf den Fels Geretteten gibt er ein neues Lied in den Mund (40, 3).

Angesichts solcher überwältigender Zusage und verborgener Nähe Gottes zu den Armen und angesichts solcher Verheißungen kann in äußerster

Schlichtheit und voll Staunen der Zuruf gewagt werden: „Schaut her, ihr Gebeugten, und freuet euch!" (69,33).

Wir haben kein Recht, diese Texte als „Vertröstungen" abzutun. Sie „indoktrinieren" nicht, sie berichten Erfahrungen. Israel kennt das Leiden und die Gottesfinsternis und spricht sie wahr und realistisch aus. Es kennt auch den leidenschaftlichen Kampf der Propheten gegen Unrecht, Unterdrückung und Ausbeutung. Niemals wird Unrecht mit einer Armutsmystik verhüllt. Darum sind diese Texte von der Nähe Gottes zu den Armen und Gebeugten ernst zu nehmen. Wenn wir ihren Anspruch nicht durch tausend Auslegungskniffe abzuschwächen oder umzudeuten versuchen, sagen sie uns:

Gott wird eine Realität, erhält einen Ort und erweist seine Macht im Dasein derer, die vor ihm arm, klein und leer werden, denn „er ist bei den Zerschlagenen und Demütigen", sie zu beleben und zu erquicken.

Und ein weiteres folgt aus Israels Erfahrung mit Gott: *Wer sich der Armen, Gebeugten, Kleinen und Bedrängten annimmt, läßt sich mit Gott ein und Gott mit ihm.* Wer der Elenden Sache führt, führt Gottes Sache, so kann man in Umkehr des Psalmwortes sagen: Wer einen Kleinen und Geringen unbedingt ernst nimmt, ihn nicht für irgendwelche Ideologien vereinnahmt, weiß unausgesprochen um den Wert dieses Menschen vor Gott und bezeugt ihn. So gesehen ist Mitmenschlichkeit kein Gegensatz zum Gottesverhältnis, sondern die Konsequenz des Bundes mit dem, „der in der Höhe thront und bei den Zerschlagenen und Demütigen".

Das prophetische Wort vom Heiligen und Erhabenen, der bei den Armen wohnt, ist auf eine Weise Wirklichkeit geworden, wie Menschen sie nicht erdenken können, nämlich in *Jesus von Nazaret.* Bei den Armen jeder Art war sein Ort. Mit den Armen und für sie war er da. Den Armen hat er die Zukunft verheißen. Er selbst ist der Ärmste geworden, da er sich selbst entäußerte und sich erniedrigte bis zum Tod, ja bis zum Tod am Kreuz. Das Wort aus dem Jesaja-Buch wird in ihm Fleisch und Blut: „In der Höhe und als Heiliger throne ich und bei den Zerschlagenen und Demütigen, daß ich den Geist der Gebeugten belebe und das Herz der Zerschlagenen erquicke." – „Schaut her, ihr Gebeugten, und freuet euch."

Das Geheimnis Gottes

Das Sehnen und Fragen der Menschen kreist wie eh und je „um Gott, den uralten Turm", wie Rilke im Stundenbuch es sagt. Die Frage ist oft nicht ausdrücklich gestellt und der Name Gott nicht genannt. Wo aber ein Mensch nach einem letzten Sinn sucht, wo er in einem letzten Ernst etwas anstrebt, wo er von etwas Unbedingtem betroffen wird, wo er in einem letzten Urvertrauen ja sagt zu seinem Dasein, da ist das Geheimnis Gott berührt. „Wie selig ist es, man kann an dem unendlichen Geheimnis, das uns stille, liebend umfängt, nicht so leicht vorbeilaufen, wie sowohl die Skeptiker und Atheisten wie auch die Engen unter den Christen meinen, die sich Gott zu sehr nach ihrem kleinen Herzen denken" (Karl Rahner).

Wir Christen glauben, daß das unergründliche Gottesgeheimnis dort seine abgründige Tiefe und seine strahlendste Macht offenbart, wo es erkannt wird als das Leben des dreifaltigen Gottes: des Vaters, des Sohnes und des Heiligen Geistes. Wer das unsagbare Geheimnis in diese heiligen drei Namen fassen kann und weiß, was er da nennt, der ist dem wirklichen, lebendigen Gott begegnet. Viele Namen, die wir Gott geben, und viele Gedanken, die wir uns von ihm machen, sind Menschennamen und Menschengedanken. Der Name des Vaters und des Sohnes und des Heiligen Geistes jedoch ist Mitteilung Gottes selbst, Erschließung seines Herzens an die, die er in sein Vertrauen ziehen will. Immer wenn wir diese drei heiligen Namen aussprechen, sind sie Anbetung, Lobpreis und Danksagung an den lebendigen Gott, der uns in sein Vertrauen gezogen hat, indem er uns an seinem innersten Leben teilnehmen läßt.

Doch wir wollen ehrlich und nüchtern bleiben. So wahr dies alles ist – sind diese drei Namen für uns nicht oft leer und blaß? Mutet uns diese Dreiheit nicht oft formelhaft, starr und seltsam an? Ist unser Beten tiefer, unsere Freude gefüllter, unser Leiden und Sterben seliger, weil in dem einen Gott drei Personen sind? Steht diese Heilige Dreiheit nicht fern und abseits von unserem Leben, auch von unserem gläubigen Leben? Diese Ferne kommt daher, daß wir im Wort vom dreifaltigen Gott zu sehr einen fertigen, verfügbaren Besitz an Wissen über Gott sehen. Die Botschaft vom dreifaltigen Leben Gottes ist uns jedoch nicht als fertiges Wissen mitgeteilt worden, sondern sie ist herangereift im Umgang mit Gott, in der Erfahrung seiner Gerichte und seiner Liebe. In der Begegnung mit Jesus von Nazaret, in der Erfahrung des Auferstandenen und seines Wirkens in den Gemeinden haben wir sprechen gelernt: Im Namen des Vaters und des Sohnes und des Heiligen Geistes. Wie ein Mensch in seinem Innersten denkt und fühlt, erfährt man erst, wenn man lange mit ihm zusammenlebt. So wurde auch das Geheimnis Gottes in einer lebendigen Geschichte enthüllt; im persönlichen gläubigen Leben mit Gott wird es immer wieder neu erfahren. Um die Dreifaltigkeit wissen und grübeln hilft wenig, in der Gemeinschaft mit dem Vater, dem Sohn und dem Geist leben, leiden und sterben – das erst öffnet die Augen für die Tiefe dieses Geheimnisses.

Ein möglicher Weg dazu soll nun aufgezeigt werden. Es ist nur ein Weg unter vielen. Doch legt sich dieser Weg vielleicht in besonderer Weise manchem heutigen Menschen nahe. Vielen Menschen fällt es heute sehr schwer, Gott in ihrer alltäglichen Erfahrung noch einen Platz freizuhalten. Es ist nicht so, daß sie an ihn nicht glaubten, aber Gott scheint so unendlich fern, rätselhaft, fast nicht zu unterscheiden von eigenen Ängsten und Sehnsüchten, daß die Furcht aufkommt, er könnte kein Antlitz haben, zu dem man du sagen kann. Es kann sehr schwer werden, sich an diesen Gott zu wenden und sich ihm anzuvertrauen.

Es gibt aber einen Menschen, für den Gott kein Unbekannter, Rätselhafter und Ferner ist. Es gibt einen Menschen, der in der dunkelsten Nacht Gottes Antlitz sieht und zu ihm Abba, Vater, sagt. Es gibt einen Menschen, der den Vater kennt, der ganz aus ihm lebt, sich ohne Rückhalt an seine Hand gibt, sich den „Sohn" nennt und in der Macht Gottes wirkt, vergibt, heilt und richtet: Jesus von Nazaret. Wem Gott fern ist, der wende sich an ihn. In ihm ist Gott gegenwärtig. Wer zweifelt, ob man Gott wie ein Du anreden könne, er vertraue sich seinem Vater-Sagen an. Wem Gott ohne Antlitz vorkommt, wie ein schreckliches Rätsel, der blicke in Jesu Antlitz; der Glanz Gottes, seine Güte und Menschenfreundlichkeit, leuchtet in ihm auf. Wer keinen Weg mehr sieht zu Gott – er ist der Weg. Es gibt die unerhörte Möglichkeit, dem fernen Gott zu begegnen in einem Menschen aus Fleisch und Blut, mit einem Schicksal, wie wir alle es haben. In diesem Menschen, dem „Sohn", ist es uns möglich, das unfaßbare Geheimnis mit „Vater" anzureden. Gott wird für uns der „Vater unseres Herrn Jesus Christus". Weil Jesus sich ihm anvertraut, können wir es ohne Angst und Furcht auch tun. Weil Jesus aus ihm lebt, können auch wir unser Leben getrost auf ihn stellen. So ist aus unserem Leben mit Gott Jesus nicht wegzudenken. Mit Gott leben heißt mit Jesus, dem Sohn und unserem Bruder, vor dem Antlitz des Vaters stehen, Anteil haben an dem Reichtum des Lebens und der Liebe, die Vater und Sohn miteinander verbindet.

Wir wollten bei unserer Überlegung nüchtern und ehrlich bleiben. Ist dem gewöhnlichen Christen eine solche Nähe zu Christus möglich? Gehört Jesus von Nazaret nicht der Geschichte an? Ist es nicht mühsam und beschwerlich, seine Worte so zu verstehen, wie er sie gemeint hat? Legt sie nicht jeder anders aus? Menschlich gesehen, ist es so. Doch Jesus ist uns anders nahe als die großen Gestalten der Geschichte. Seitdem er am Kreuz erhöht und von den Toten auferweckt worden ist, ist er neu und machtvoll gegenwärtig in der Kraft des Heiligen Geistes. Er ist gegenwärtig im Wort seiner Zeugen, in der Feier seines Gedächtnisses, in den Zeichen der Sakramente, in der brüderlichen Gemeinschaft der Glaubenden. Dieses sieghafte Wirken und Walten seines Geistes ist die neue, sichere Erfahrung der ersten Gemeinde. Dieser Geist ist kein blinder Enthusiasmus, sondern ein göttliches Du, die personale Liebe des Vaters und des Sohnes, die ausgegossen ist in unsere Herzen. Die Nähe Jesu und die Nähe des Vaters wird uns geschenkt im Heiligen Geist. Christliches Leben heißt geradezu im Geiste leben, und jeder Getaufte ist in Wahrheit ein Geistlicher. Seitdem Jesus zur Rechten Gottes erhöht ist, ist das Leben im Geiste nicht mehr das Vorrecht einiger Ergriffener, sondern es ist erfüllt, was durch den Propheten Joel gesprochen ist: „Und es wird geschehen in den letzten Tagen – spricht Gott –, da werde ich ausgießen von meinem Geist über alles

Fleisch" (Apg 2, 17). Die Söhne und Töchter, die Jünglinge und Greise, ja Knechte und Mägde werden Gesichte sehen, Träume träumen, weissagen und künden.

Wen der Geist „alle Wahrheit lehrt", wen er erinnert, was Jesus uns gesagt hat, durch wen er Zeugnis gibt, der ist ein Prophet, ein berufener Rufer. Wem der Geist Einblick in das Christusgeheimnis eröffnet, der sieht und hört das, was Propheten und Könige zu sehen und zu hören verlangten (Lk 10, 23–24). Man darf nicht glauben, dies seien nur große, berauschende Worte. Es gibt genug einfache und gläubige Menschen, die sehen, was Jesus Christus für ihr Leben bedeutet, denen Jesus im Leben und Sterben innerlich so selbstverständlich nahe ist wie sonst kein Mensch. Weil der Geist gekommen ist, ist Jesus bei uns, alle Tage bis an das Ende der Welt. Er ist viel näher, wirklicher und mächtiger unter uns als in der kurzen Spanne seiner Gegenwart „im Fleische".

Das Geheimnis des dreifaltigen Gottes ist also keine blasse Theorie. Es ist die große, unaufhörliche Bewegung unseres eigenen christlichen Lebens jetzt noch mit Christus verborgen in Gott, bis es hervortritt in Herrlichkeit (Kol 3, 3): In der Einheit des Heiligen Geistes durch Jesus Christus, unseren Herrn, hin zum Vater.

Anbetung

Anbetung ist kein alltägliches Wort. Wo Gott begegnet, erhebt sich der Weihrauch der Anbetung. Wenn man aber in der Schule oder auch in einem religiösen Gespräch mit Erwachsenen, sei es auch noch so behutsam, auf die Anbetung Gottes zu sprechen kommt, wenn man fragt, was da geschehen müsse, damit ein Gebet Anbetung sei, breitet sich meist eine große Verlegenheit aus. Anbetung – das ist etwas seltsam Fremdes, dem Leben Entrücktes. Sich an Gott wenden mit einer Bitte, einer Danksagung, einem Lob, ja an ihn glauben, auf ihn hoffen, ihn lieben, alles dies ist leichter zu fassen und zu vollziehen. Dafür gibt es ähnliche Erfahrungen zwischen Menschen, die man bittet, die man rühmt, denen man Glaube und Liebe schenkt.

Anbetung aber gibt es nicht zwischen Menschen. Anbetung ist ein geheimnisvolles Wort, das man einzig zu Gott sagen kann, das ihm eigentlich gebührt, weil es seinem Wesen allein gerecht wird. Darum erfährt auch der Anbetende in besonderer Weise Gott als den Erhabenen und Heiligen. Anbetung ist die Wurzel aller unserer Gebete. Ohne Anbetung scheint die eigentliche göttliche Wirklichkeit nicht auf in unserem Beten und Leben. Die Frage, welches eigene Gepräge unser Beten haben müßte, damit es Anbetung sei, ist deshalb notwendig. Ebenso die Besinnung darüber, ob unser Gebet aus dieser Tiefe lebt und was man tun kann, damit es mit dem Leuchten der Anbetung erfüllt werde.

Um zu erfassen, was Anbetung ist, wenden wir uns nicht dem Begriff, sondern dem lebendigen Vollzug zu. Wer mit der Schrift umzugehen versteht, kann am leichtesten erfahren, was Anbetung ist. Das erschütternde Gebet des Ijob zum Beispiel kann diese Erfahrung vermitteln. Als die Prüfungen, eine nach der andern, über ihn hereingebrochen waren, „stand Ijob auf, zerriß sein Gewand und schor sich das Haupt. Dann warf er sich nieder zur Erde, beugte sich tief und betete: Nackt bin ich gekommen aus meiner Mutter Schoß. Nackt kehr' ich wieder dorthin zurück. Der Herr hat's gegeben, der Herr hat's genommen: Gepriesen sei des Herrn Name!" (Ijob 1,20–21)

In diesem Wort ist der große Atem der Anbetung. Da ist kein Rühmem mehr, kein Bitten und kein Wünschen. Der Mensch erscheint, wie er ist: nackt und niedergeworfen. Nur einer ist groß, ob er gibt oder nimmt; und rein und lauter erhebt sich aus der Tiefe der Lobpreis seines heiligen Namens.

So hat auch Jesus gebetet. Er warf sich in jener Stunde, die unsäglich dunkler war als alle dunklen Stunden, die je über Menschen verhängt wurden, auf die Erde nieder – zur Anbetung –, indem er sprach: „Vater, wenn es möglich ist, gehe dieser Kelch vorüber." Das ist zwar eine Bitte, eine echt menschliche Bitte sogar, aber ganz umfangen vom großen Wort der Anbetung: „Nicht wie ich will, wie du willst." Nicht ich, du allein – das ist Anbetung.

Anbeten heißt sich niederwerfen und zutiefst innewerden, daß es nichts Großes gibt als seinen Namen: „Du allein bist der Heilige, der Herr, der Höchste." Anbeten, das heißt, zu Gott jenes Wort sagen, das man allein ihm sagen kann: Du mein Herr und mein Gott, mein Leben und mein alles! Anbeten heißt sich Gott in die Hand geben in einem letzten Vertrauen. Anbeten heißt das eigentlichste Wort aussagen, das die Kreatur zu sagen hat. Die Anbetung, die alle Kreatur zu Gott erhebt, hat darum ungleich höheren Rang und höhere Würde als die Arbeit, die die Dinge für den Menschen erschließt.

Charles de Foucauld gibt die Anweisung, nur so viel zu arbeiten, als man braucht, um notdürftig sein Leben zu fristen, damit viel Zeit bleibt für die Anbetung. Hier werden Maßstäbe sichtbar, die uns beunruhigen. Das gültige Maß ist nicht ein materieller Fortschritt, sondern die Anbetung Gottes. Anbetung ist ein Heilmittel für Vermessenheit und für die Verfallenheit an das Nichtige, die den Menschen bedrohen. Überall, wo Anbeter sind, wird die Welt ein wenig lichter und freier; denn nur der, der die Welt zu Gott emporhebt, befreit sie aus der Versklavung.

Eine Besinnung darüber, ob es auch in unserem Leben die Einsamkeit, Stille und Gnade der Anbetung gibt, wäre für uns alle heilsam. Wie leicht kreisen wir, selbst in unserem Beten, um das eigene Ich. Wie wenig sind wir niedergeworfen und erschüttert vor der Majestät Gottes. Wie leicht schleicht sich auch in das liturgische Gebet Selbstgefälligkeit und Geschäftigkeit ein. Früher begann die Liturgie – wie heute noch am Karfreitag – mit einem schweigenden Sich-Niederwerfen vor der Majestät Gottes. Aus dieser Wurzel wächst echtes Beten und christliches Leben.

Wie können wir zu solchem Beten kommen? Gott muß es in uns wirken. Gläubig und demütig müssen wir uns für sein Erscheinen bereit halten. Eine gute und allen zugängliche Möglichkeit besteht darin, immer wieder – auch wenn sie uns zunächst zu gewohnt oder fremd und kalt vorkommen – die Gebete nachzusprechen, in denen das große reiche Leben der Anbetung waltet: das Vaterunser, das Sanctus, das Gloria der Messe, das Magnificat der Gottesmutter, das Tedeum und besonders das Gebet der Psalmen. Wenn wir uns von ihnen tragen und führen lassen, kommen wir heraus aus der Enge des Ich in die Freiheit und Weite Gottes, die mit dem Glanz der Anbetung erfüllt ist.

Wenn alle unsere Versuche aber trotzdem unbefriedigend bleiben? „Es kommt die Stunde, und jetzt ist sie da, in der die wahren Anbeter den Vater im Geist und in der Wahrheit anbeten" (Joh 4,23). Weil einer in unserer Mitte, in unserem Namen und an unserer Stelle, dem Vater alle Ehre und Verherrlichung darbringt und weil durch ihn unsere Stimme eingefügt ist in den gewaltigen Hymnus der Anbetung, den die Engel und Erzengel, die Cherubim und Seraphim darbringen, darum ist auch für uns gehetzte Menschen die Stunde der Anbetung da. Die Stunde ermuntert und drängt: „Der Vater sucht solche Anbeter" (Joh 4,23).

Die Liebe war immer da

Im letzten Drama des Nobelpreisträgers T. S. Eliot (1888–1965) „Ein verdienter Staatsmann" spricht Monica zu Charles, ihrem Geliebten: „Ich habe dich seit Anbeginn der Welt geliebt. Schon bevor ich und du geboren waren, war die Liebe, die uns zusammenführte, immer da." Eine menschliche Urerfahrung wird hier ausgesprochen. Wo das Tiefste und Innerste des Menschen berührt wird, versinkt die Zeit und ihr Zufall. Eine Ahnung der Dauer, der Ewigkeit meldet sich an, wenn auch nur flüchtig und leise: „Die Liebe war immer da." Wahrhaft Liebende fühlen sich in einer geheimnisvollen ewigen Fügung aufgehoben, schon immer füreinander bestimmt. Wahre Liebe verlangt deshalb auch von diesem ihrem inneren Gesetz her nach Dauer und Treue.

In dieser menschlichen Erfahrung leuchtet noch Größeres auf: das Geheimnis der Liebe Gottes zu den Menschen. Überall, wo die Oberfläche des Daseins aufgebrochen wird, und erst recht, wo das Geheimnis „Gott" das Herz des Menschen berührt, bricht mitten in die flüchtige Zeit Ewigkeit ein; in die Unbeständigkeit Dauer; in die Fremde Heimat; in den Unfrieden Friede. „Schon bevor du und ich geboren waren, war die Liebe, die uns zusammenführte, immer da" – das ist die Ahnung derer, die wahre Liebe aufgebrochen hat. In einem noch tieferen, im eigentlichen Sinne können wir zu Gott, dem ewigen Du, sagen: „Schon bevor ich geboren wurde und deinen Ruf vernahm, kanntest du mich, umgab mich deine Liebe von Ewigkeit her." Das ist die Gewißheit der Glaubenden. Sie sind mitten in dem Strudel des Vergehenden verankert in der Ewigkeit Gottes, als scheinbar Verlorene und Vergessene aufgehoben in einem ewigen Gedenken. So sagt es die Schrift: „Mit ewiger Liebe habe ich dich geliebt" (Jer 31,3). So sieht der Psalm 139 durch alle vordergründige Verlorenheit und Vergessenheit hindurch den Menschen: „Ehe noch auf der Zunge das Wort ist, siehe, Herr, schon weißt du um alles. Finsternis ist für dich nicht dunkel; Nacht ist dir hell wie der Tag; das Dunkel ist vor dir wie das Licht... alle meine Wege sind dir vertraut... du kennst meine Seele bis auf den Grund."

Auf diesem Hintergrund menschlicher Ahnung und göttlicher Zusage erhält vielleicht das dunkle, mächtige Wort aus dem Römerbrief des Apostels Paulus neue Leuchtkraft: „Die er vorher erkannt hat, hat er auch vorherbestimmt, dem Bild seines Sohnes gleichgestaltet zu werden, damit er der Erstgeborene unter vielen Brüdern sei; die er aber vorherbestimmt hat, hat er auch berufen; die er aber berufen hat, hat er auch gerechtfertigt; die er gerechtfertigt hat, hat er auch verherrlicht" (8,29–30). Das Geheimnis des ewigen Planes und der ewigen Erwählung über jedem Menschen tritt in diesem Text in voller Klarheit hervor. Die Heilige Schrift spricht wie selbstverständlich an vielen anderen Stellen davon. Sie meint nicht ein willkürliches Auswählen und Auszählen zur Rettung oder Verdammnis. Sie meint den Plan ewiger Liebe mit dem Menschen in seiner Freiheit. Die ewige Verdammnis ist nur die dunkle Kehrseite dieses von Gott her durch und durch lichten Geheimnisses. Wer sich in freier Entscheidung widersetzt, verkehrt selbst den ewigen Plan der Liebe für sich zum Unheil.

Wie Glieder einer Kette greifen die Aussagen des Textes im Römerbrief ineinander. Ursprung, Gegenwart und Zukunft sind beisammen. Die eigenartig rhythmische Gestaltung läßt an einen liturgischen Text denken, den Paulus schon vorfand. Man nimmt an, daß er seinen Ort bei der Taufe hatte, ein Zeugnis der Glaubenstiefe der ersten Gemeinden. Der Blick bleibt nicht in der Gegenwart haften. Er geht in die Zukunft, in die offenbare Herrlichkeit Gottes, die verborgen schon im Getauften beginnt. Und der Blick des Glaubenden erfaßt zugleich den Ursprung, der in der Ewigkeit Gottes geborgen ist, in seinem ewigen Plan und Vorauswissen.

Wo ein Mensch von echter Liebe berührt wird, ahnt er die Ewigkeit über dem Zufall. Wo Gott einen Menschen ruft und begnadet in Wort und Sakrament, erhebt sich in einzigartiger Weise der Horizont der Ewigkeit mit seiner Ruhe und seinem Frieden. Die Gegenwart ist wie in einer Kette mit unzerbrechbaren Gliedern dem Ursprung und der Zukunft zugleich verbunden. Dies macht die Größe, Tiefe und Kraft christlicher Berufung aus. Sie stellt den von der Unruhe des Vergehens, der Undurchschaubarkeit des Schicksals umgetriebenen und geängstigten Menschen in den alles umgreifenden Horizont des ewigen Liebesplanes Gottes.

„Der glaubende Mensch lebt von der ewigen Erwählung her – er lebt von dorther, um gleichzeitig auf dorthin zu leben in einem Kreislauf, der in der Urewigkeit des dreieinigen Gottes anhebt und in diese zurückkehrt, ohne unterwegs, in der Zeitlichkeit, aus dieser allbegründenden Erwähltheit herauszutreten ... In Gott sind die Glieder der Kette, die Paulus aufzählt, so ineinander verzahnt, daß die Kette nicht zerrissen werden kann: der Vorhererkannte ist vorherbestimmt, der Vorherbestimmte ist gerufen, der Gerufene ist gerechtfertigt, der Gerechtfertigte ist verherrlicht. Es ist eine Kette innerhalb der Ewigkeit, innerhalb des Planes Gottes, der, weil er Gottes ist, ebenso unverständlich und unverrückbar ist wie Gott selbst. Und das christliche Leben in der Zeit besteht in nichts anderem als darin, sich diesem Kreislauf von der Ewigkeit zur Ewigkeit einzufügen, in ihm zu bleiben, aus ihm nicht herauszufallen, den zeitlichen Weg dem ewigen Plan anzupassen. Gegen jeden irdischen Anschein ist der Raum, in welchem der Glaubende sich bewegt, von vornherein der Raum der Ewigkeit; seine Heimat ist dort, wo Gott ist, das Haus Gottes, die Civitas Dei (Stadt Gottes), die Gemeinschaft der Heiligen. Und die Zeit, in der er lebt, ist von vornherein ‚begonnene Ewigkeit', ‚ständig voranschreitende Ewigkeit', so wie die ‚Erde', auf der er lebt, grundsätzlich ein ‚vorweggenommener Himmel' ist" (Hans Urs von Balthasar, Schwestern im Geist, 372f).

Subtile Gedanken – fern unserer harten Alltagswirklichkeit? So muß es der empfinden, der täglich, stündlich verschlungen wird vom Lärm des Vordergründigen, Vergehenden. Das Vergängliche macht Lärm, das Ewige ist still. Die Oberfläche verwirrt, die Tiefe sammelt. „Die Liebe war immer da", sagt menschliche Ahnung. „Mit ewiger Liebe habe ich dich geliebt"; „vorhererkannt, vorhererwählt, in meiner Ewigkeit verwurzelt, in meiner Treue geborgen", so heißt die Zusage des Glaubens. Sie stellt den Menschen unter einen neuen Horizont. Gerade für den von der Unrast der Zeit gehetzten, geängstigten, desorientierten Menschen ist die Wahrnehmung dieser scheinbar so entlegenen Wirklichkeit entscheidend: „Wir haben die Liebe erkannt, die Gott für uns hat, und wir haben ihr geglaubt" (1 Joh 4,16). Und wenn die Seele „an die übergroße Liebe zu glauben versteht, die über ihr ist ... dann ist es ihr gleich, Gott zu fühlen oder nicht zu fühlen, es ist ihr gleich, ob er ihr Lust oder Schmerz schenkt: sie glaubt an die Liebe" (Elisabeth von Dijon). Menschliche Ahnung erfüllt sich über alles Begreifen: „Die Liebe war immer da."

Lob der Gnade

Der Mensch kann der Angst vor dem Nichts nicht entfliehen. „Denn Totentanz ist auch am schönsten irdischen Ort... Nach abgeschaffter Armut und Lebenssorge erhebt sich die Todessorge besonders hart – ohne das Unterholz übriger, banaler Depressionen" (E. Bloch). „Glaubt ihr nicht, so bleibt ihr nicht" (Jes 7,9). Allein der Glaubende kann nicht verschlungen werden vom Strudel der Vergänglichkeit. Er sieht Zukunft über den Tod hinaus. Er weiß sich von Gott erkannt, erwählt, gerufen, angenommen von Ewigkeit her. Von daher hat er Bestand. Der Glaubende weiß um die Liebe, die immer da war. Er vertraut sich einer letzten Weisheit, Macht, Gerechtigkeit, Treue und Güte an. Dieses Umfangen- und Getragensein von einem ewigen Plan, geahnt von menschlicher Erfahrung in aufgebrochenen oder erfüllten Stunden, bezeugt vom Worte Gottes, ist die sinnschenkende Wirklichkeit unter einer verwirrenden Oberfläche. Der Durchbruch zu ihr schenkt „Frieden, der alles Begreifen übersteigt" (Phil 4,7).

Mitten in der flüchtigen Zeit seine tiefsten Wurzeln einsenken in die Ewigkeit Gottes und daraus zu leben versuchen – hat dies auch etwas zu tun mit dem Glauben an Jesus von Nazaret? Ist es nicht vielmehr die Frucht der Meditation, der Innerlichkeit, der menschlichen Reife und religiösen Tiefe? Gibt es nicht solche Erfahrung an allen Religionen und sogar außerhalb von ihnen? Wird die Gestalt Jesu nicht überflüssig, wenn religiöse Erfahrung in diese Tiefe gelangt? – Eine Frage und Gefahr, die sich bei neuen Aufbrüchen des Religiösen und Spirituellen immer wieder erhob und die auch heute gegenwärtig ist.

Zunächst ist gewiß: Jesus selbst hat in einzigartiger Weise aus dieser Tiefe gelebt. Das „im Hause des Vaters sein müssen", die Sicht und freie Annahme seines Geschicks als vorherbestimmtes göttliches „Müssen" ist inneres Gesetz seines Lebens bis in die Finsternis seines Sterbens hinein. Für das Verwurzeltsein in Gott und seinem Willen ist er ein Vorbild von einzigartiger Leuchtkraft.

Die Forderung, seinen Weg mitzugehen, springt wie ein Funke auf die über, die in seine Nähe kommen. Wir wüßten wohl gar nicht, wie sehr ein Mensch von Gott her und zu Gott hin leben kann, wenn es Jesus von Nazaret nicht gäbe. Wir hätten nicht den Mut, uns dem unbegreiflichen Gott ohne Vorbehalt in die Hände zu geben, wenn Jesus es nicht vorgemacht hätte. Er ist wirklich zum „Anführer des Glaubens" für uns geworden (Hebr 12,2).

Doch Jesus von Nazaret ist mehr als Vorbild; auch mehr als Glaubensvorbild. Nach dem Zeugnis des Neuen Testamentes ist Jesus nicht nur Modell, auf das wir blicken sollen. Er ist zuvor das Modell, auf das Gott blickt, nach dem wir vorhererkannt, erwählt, erschaffen, berufen und begnadet sind, „der Erstgeborene unter vielen Brüdern", die „vorherbestimmt" sind, „dem Bilde seines Sohnes gleichgestaltet zu werden" (Röm 8,29). Welch neue, unerhörte Sicht der Gestalt Jesu und zugleich des Menschen! Jesus ist vor unserer Entscheidung schon unser Schicksal. Dasein und Sinn des Menschen sind zuinnerst an ihn gebunden. Er, Jesus, ist unzerreißbar eins mit dem ewigen Plan Gottes, mit Ursprung und Ziel des Menschen, der Geschichte, ja des ganzen Kosmos. Er ist der „Erste und Letzte", „Durch ihn ist alles geschaffen" (Joh 1, 3). „Alles ist durch ihn und auf ihn hin erschaffen, und er ist vor allem, und alles hat in ihm seinen Bestand" (Kol 1, 16–17). „In ihm hat er (Gott) uns erwählt, vor Grundlegung der Welt, damit wir heilig und untadelig vor ihm seien in Liebe. Er hat uns durch Jesus Christus dazu vorausbestimmt, daß wir in ein Kindesverhältnis zu ihm treten sollten nach dem Wohlgefallen seines Willens zum Lobe der Herrlichkeit seiner Gnade" (Eph 1, 4–6).

Hier ist ein universales, gewaltiges Christusbild gezeichnet und zugleich ein lichtes Bild des in Christus erwählten und begnadeten Menschen, zum „Lob der Herrlichkeit seiner Gnade". So, nicht anders, hat sich schon in der frühen Kirche, in den Schriften des Neuen Testamentes selbst, der Anspruch des historischen Jesus ausgelegt und entfaltet im Licht von Ostern und im Walten des Geistes, der Jesus „bezeugt", „verherrlicht", an alles erinnert, was er gesagt hat.

Erfahrung von Sinn und Transzendenz, Ahnung des Unbedingten, Ewigen im Menschen, Wissen um „die Liebe, die immer da war", hat es also stets zu tun mit Jesus Christus. Augustinus spricht diese tiefe Erkenntnis in der Erklärung des Johannesevangeliums so aus: „Der Mensch wird auf Christus hin bewegt, wenn er sich freut an der Wahrheit, an der Seligkeit, an der Gerechtigkeit und am ewigen Leben. Denn das alles ist Christus."

Darum treffen wir ihn an in der Mitte allen Seins. Es gibt menschliche und religiöse Tiefe nicht neben, vor oder außer ihm. Gott kennt uns, weil er ihn kennt; er erwählt uns, weil er zum erstgeborenen Sohn das ewige Ja der Liebe sagt; er versöhnt und begnadet uns im Blick auf das Blut und Kreuz Jesu; er vollendet uns und schenkt uns Zukunft, weil er Jesus von den Toten auferweckt hat als „Erstling der Entschlafenen" (1 Kor 15,20). Es gibt keine andere Bestimmung unseres Menschseins als „gleichgestaltet zu werden mit dem Bild seines Sohnes" (Röm 8,29), das heißt, „durch Leiden zur Herrlichkeit", durch Sterben zum Leben. Weiter können und brauchen wir das dunkle Rätsel des Leidens und des Todes nicht zu hinterfragen. Von daher erhält es Licht. Wo dieses Bild Gestalt annimmt, ist Zukunft und Hoffnung, da gereichen uns alle Dinge zum Guten (Röm 8,28), da können wir dem Schlimmsten mit der Herausforderung begegnen: „Wer will uns scheiden von der Liebe Christi?" (Röm 8,35).

Lob dieser Gnade zu sein, darin sieht der Epheserbrief die Bestimmung des Menschen. So wird Gott verherrlicht in der Gemeinschaft der Kirche Christi, denn „Gott gehört das Feuer, das solches Licht anzündet, und Gott also auch sein Leuchten" (Karl Barth).

Liebe – Revolte oder Gnade?

Ein Schriftsteller, der das Selbstverständnis des heutigen Menschen und viele seiner Fragen und Zweifel gültig ausspricht, ist Albert Camus. Er war nach seinem eigenen Zeugnis kein Christ. Es wäre aber falsch, ihn einfach einen Atheisten und Nihilisten zu nennen. Was in seinen Werken immer wieder beeindruckt, ist das ehrliche Fragen, der Hunger und Durst nach Gerechtigkeit, freilich nach „der Gerechtigkeit der Erde", weil sie ihm redlicher erscheint als das, was die Christen unter Gerechtigkeit verstehen. In einem Vortrag vor Dominikanern in Paris sagte er 1948, daß er „niemals vom Grundsatz ausgehen werde, die christliche Wahrheit sei eine Illusion, sondern nur von der Tatsache, daß er ihrer nicht teilhaft zu werden vermöge". – Camus skizziert in seinem Frühwerk „Licht und Schatten" in knappen, meisterhaften Strichen drei Ausprägungen menschlichen Schicksals, in denen die Sinnlosigkeit, die Absurdität des menschlichen Daseins zutage tritt und damit zugleich die Forderung nach einem Sinn, „denn der Mensch ist das einzige Wesen, das Sinn fordert" und das „Gründe gegen das Schicksal" in der Hand haben will, „um dem Nichts keinen Anschein von Gerechtigkeit zu geben".

Da ist eine alte Frau, halbseitig gelähmt, den ganzen Tag in ihrer Ecke allein gelassen, weil niemand sich mehr mit ihr unterhält. So ist sie ihrer Einsamkeit preisgegeben und „dem Elend des auf Gott angewiesenen Menschen überantwortet".

Ihr Rosenkranz, eine bleierne Christusfigur und ein das Jesuskind tragender gipserner heiliger Josef sind Symbole für den Inhalt ihres Lebens. Eines Tages fand sie die herzliche Anteilnahme eines jungen Mannes, der zum Abendessen bei der Familie ihrer Tochter eingeladen war. Nach dem Essen beschloß man, ins Kino zu gehen. Die anderen hatten sich schon von der alten Frau verabschiedet, nur der junge Mann stand noch da. Er drückte ihr voll Herzlichkeit die Hand und wandte sich zum Gehen. Sie aber „klammerte sich an den einzigen, der sich mit ihr abgegeben hatte, ließ seine Hand nicht mehr los, drückte sie und erging sich in unbeholfenen Dankesworten, um ihre Zudringlichkeit zu rechtfertigen ..." Sie empfand bereits wieder „das Grauen ihrer Einsamkeit, das lange Warten auf den Schlaf, das enttäuschende Alleinsein mit Gott. Sie hatte Angst und suchte ihre Zuflucht ausschließlich bei den Menschen." Ein Gott, der sie aus der Gemeinschaft der Menschen löste und der Einsamkeit überantwortete, war ihr „zu nichts nütze". Sie wollte die Menschen nicht verlassen. Darum fing sie an zu weinen ...

Eine zweite, ähnliche Situation: Ein alter Mann, der viel gelitten hatte in seinem Leben, will reden, einfach immer wieder reden von dem, was er erfahren hat. Er ist glücklich, wenn man ihm zuhört, bevor er allein gelassen wird. Er hatte es nötig, um an sein Leben zu glauben. Aber die jungen Leute lächeln meistens und sind bald müde, ihm zuzuhören. Sie haben ganz andere Interessen. Nicht mehr angehört zu werden ist jedoch das Schrecklichste, wenn man alt ist. Es ist die Verurteilung zum Alleinsein, zum Schweigen, zum

Sterbenmüssen. Und ein alter Mann, der bald stirbt, ist unnütz, sogar lästig und störend...

Die dritte, kurze Skizze ist vielleicht noch grausamer: Eine alte Frau, die in ihrem Leben, ohne es selbst richtig gewußt zu haben, immer etwas vorspielte und simulierte, was sie in Wirklichkeit nicht war, liegt, an Krebs erkrankt, im Sterben. Aber auch ihre Krankheit und ihr Tod werden nicht ernst genommen. Ihr Enkel kann auch jetzt, wo sie vielleicht das erste Mal keine Komödiantin ist, nicht loskommen von dem Gedanken, „daß diese Frau ihm das letzte und ungeheuerlichste Theater vorgespielt habe". Auch der Tod hatte die Unechtheit ihres Lebens nicht gutgemacht.

Eine alte Frau, die man allein läßt, um ins Kino zu gehen; ein alter Mann, dem man nicht mehr zuhört; ein Tod, der nichts gutmacht – und auf der anderen Seite „alles Licht der Welt"; die prächtige, durchsichtige Sonne, die sich auf die lichtglitzernde Bucht senkt – das alles ist unvereinbar, sinnlos!

Es mag gewagt erscheinen und könnte unter Umständen geschmacklos sein, Camus mit Paulus und dem 13. Kapitel des 1. Korintherbriefes zusammenzubringen. Aber echte Fragen führen immer zusammen. Auch Paulus kennt Bereiche des Daseins, die leer, sinnlos, „nichts" sein können. Vorzugsweise sind es sogar die großartigen, vitalen und faszinierenden Ausprägungen des menschlichen und auch des christlichen Lebens: „Wenn ich in den Zungen der Menschen und Engel rede... und wenn ich alle Geheimnisse weiß und alle Erkenntnis, und wenn ich allen Glauben habe... und wenn ich alle meine Habe für die Armen austeile und meinen Leib hingebe, damit ich verbrannt werde...", kann dies alles nichts sein und zu nichts nützen. Gerade solche Taten haben die

Gefahr in sich, daß der Mensch in ihnen nur sich selbst begegnet und sich selbst erhebt. Darum vermögen sie nicht das Dasein aufzuschließen, weder das eigene noch das des andern, weil sie gar nicht auf ein Du gerichtet sind.

Die Macht aber, die aufbricht, die zum Vernehmen, Hören, Begegnen und Antworten fähig macht, ist die Liebe. Sie ist die Krisis aller unserer Taten, sie entscheidet darüber, ob sie Sinn haben oder nicht, ob sie etwas sind oder nichts. Und die Liebe zeigt sich bei Camus in einer äußerlich ähnlichen, sachlichen, redlichen, unpathetischen Gestalt wie im 13. Kapitel des 1. Korintherbriefes. Dem Bleiben bei einer alten Frau, dem Anhören eines alten Mannes, dem Ernstnehmen eines gewöhnlichen Lebens und Sterbens entspricht bei Paulus das langmütige, geduldige, gütige, sich nicht selbst in Positur setzende, bis in die feinen Formen des Taktes hinein unbedingte Ernstnehmen des andern. Nicht in großen Worten und Taten, nicht in der Faszination eines einmaligen Einsatzes und auch nicht in modischer mitmenschlicher Betriebsamkeit zeigt sich das Wesen der Liebe. Liebe zeigt sich in der geduldigen, selbstlosen, redlichen, vornehmen Sachlichkeit des Alltäglichen. Liebe ist die Macht, die nicht auf das Einmalige, sondern auf das Ganze, auf „alles" geht: „Sie glaubt alles, hofft alles, duldet alles." Sie ist die tragende, sinngebende Macht, das, was „bleibt" und den Glanz der Vollendung in das Bruchstückhafte bringt.

Eine alte Frau, die man allein läßt, ein alter Mann, den man nicht anhört, einen Tod, den man nicht ernst nimmt, darin zeigt sich für Camus das Absurde. Wo man aber dableibt und zuhört und den andern unbedingt ernst nimmt, was geschieht da? Auf jeden Fall kommt ein wenig Licht in das Dunkel, ein Sinn zeichnet sich ab. Für Camus ist es ein vom Menschen dem ungerechten Schicksal revoltierend entgegengesetzter, das Nichts anklagender Sinn. Für Paulus wird im schlichten Dienst der Liebe Tieferes sichtbar: ein ewiger, vorgegebener, geschenkter, das Dasein selbst erhellender und durchwaltender Sinn. Wir Christen glauben, daß die Liebe ein vorgegebener Horizont sei, nicht einer, den der Mensch sich selbst setzt, daß sie der geheimnisvolle Anruf sei, dem wir antworten und nicht ein revoltierender Ruf des Menschen in das Nichts hinein; wir glauben, daß wir „zuerst geliebt werden" und daß diese Liebe sichtbar wurde im Opfer Jesu für uns; daß Liebe, wo sie sich echt zeigt, von dieser Hingabe lebt und allem Sinn gibt. Wir müssen auch bekennen, daß wir diese Liebe und ihren unbedingten Anspruch zu unscharf sichtbar machen und daß wohl deshalb mancher am Sinn des Daseins verzweifelt und meint, „Gott sei zu nichts nütze" und das „Alleinsein mit ihm enttäuschend".

Wir Christen haben einen anderen Ansatz für das, was dem Dasein Sinn gibt. Darin aber treffen wir uns mit Camus: „Wir fühlen unsere Not, und sie lehrt uns besser zu lieben."

Sorgt nicht um euer Leben

„Sorgt euch nicht um euer Leben"... „Seht die Vögel des Himmels an" ... „Betrachtet die Lilien des Feldes..." „Darum sollt ihr nicht sorgen und sagen: Was werden wir essen oder was werden wir trinken oder womit werden wir uns kleiden..." „Euer himmlischer Vater weiß ja, daß ihr das alles braucht" (Mt 6,25 ff).

Diese Worte voll Glaubenskraft und Schönheit kann man auf sehr verschiedene Weise und in sehr verschiedener Tiefe verstehen und auch mißverstehen. Wir hörten sie als Kinder bei der Flurprozession in das Blühen, Singen und Wachsen des Frühlings hineingesprochen, getragen und aufgehoben in der ewig zuverlässigen Ordnung der Natur und des bäuerlichen Lebens. Dort schienen diese Worte schöner, gültiger Ausdruck des Urvertrauens zu Gott und seiner Schöpfung.

Wir hörten dieselben Worte wieder in eine Welt hineingesprochen, in der alle Sicherheit zerbrochen war, etwa in den Jahren des Krieges, angesichts der Verhungerten, Erfrorenen, Geschundenen und Gemordeten, in einer Welt, in der der Mensch nichts mehr wert war und Gottes Antlitz ausgelöscht schien. Auch heute brodelt an manchen Stellen dieses Chaos durch die dünne Decke unserer Sicherheit. Da wirken solche Worte wie eine Herausforderung. Sie haben alle Selbstverständlichkeit verloren. Man kann sie nur glauben und sich an ihnen halten, wenn man Jesus selbst die Verantwortung für eine so unglaubliche Botschaft überläßt.

Von der frommen Prozession durch die Fluren bis zur sinnlos gewordenen Welt der Zerstörung – so weit ist der Horizont, unter dem diese Worte leben und gelten sollen. Darum müssen sie wohl eine große Tiefe in sich bergen. Um in diese Tiefe vorzudringen, müssen wir das Mißverständnis ausscheiden, die Worte kämen aus einer welt- und wirklichkeitsfernen Unbekümmertheit, aus schwärmerischer Naturbetrachtung oder aus einem unangefochtenen Herzen. Der sie sprach, „wußte was im Menschen ist" (Joh 2,25).

Das Dasein des Menschen ist von der Sorge gezeichnet. Ohne Sorge lebt kein Sterblicher. Das Menschenleben ist Sorge, weil, wie Kierkegaard in einer Betrachtung zu diesem Evangelium sagt, der Mensch stets vom „morgenden Tag" geängstigt wird, diesem Zauberwesen, das alle möglichen Gestalten annehmen kann.

Einer der „morgenden Tage" bringt auch den Tod, und er ist der verborgene Herd aller Angst und aller Sorge. Der Mensch kann also nicht so im fraglosen Heute leben wie die Lilie des Feldes und die Vögel des Himmels. Der Hinweis auf sie soll auch dieses nicht nahelegen. Er will sagen, daß der eine Schöpfergott, der die Lilien kleidet und die Vögel des Himmels nährt, den Menschen mit seiner Liebe unendlich näher ist. Der Blick bleibt nicht in der Natur ruhen, sondern auf Gott.

Wenn also die Sorge zur menschlichen Bestimmung gehört, und wenn wir auch nach dem Evangelium gehalten sind, für unseren Lebensunterhalt zu sorgen und für unser Haus und die Angehörigen Verantwortung und Sorge zu übernehmen, was ist dann gemeint mit dem: „Sorgt euch nicht!" Es ist ein Sorgen gemeint, das uns den „Heiden" gleichstellt, solchen, die Gott nicht kennen; ein Sorgen, das keinen letzten Sinn, keine Tiefe und kein Geheimnis mehr im Leben sieht, ein Sorgen, das nicht mehr zuläßt, daß wir zuerst „sein Reich und seine Gerechtigkeit" suchen. Es ist die Sorge, die sich so sehr dem morgigen Tag zukehrt und sich von seiner verwirrenden Gestalt ängstigen läßt, daß wir Gottes Anruf im Heute nicht mehr hören können. Es sind die Sorgen, die uns so sehr in die eisige Einsamkeit des eigenen Ich werfen, daß wir nicht mehr Du sagen können, weder zu den Menschen noch zu Gott. Die Warnung vor solcher Sorge gehört zu den eindringlichsten Mahnungen des Neuen Testaments. Solche Sorge gehört zusammen mit dem Reichtum und den Genüssen des Lebens zu den gefährlichen, eigentlichen Feinden gläubigen Lebens, die das aufkeimende Samenkorn des Wortes ersticken (Lk 8,14).

Keiner von uns ist über solche böse Sorge erhaben. Jederzeit kann sie uns anfallen, da sie uns stets begleitet. Vielleicht können wir, wenn die Sorge uns überfällt, zunächst keinen Weg sehen und keinen Schritt tun, um ihre Umklammerung zu durchbrechen. Jesu lebendiges und wirksames Wort aber vermag es, durchzudringen, und wir können es einlassen: „Euer himmlischer Vater weiß ja, daß ihr das alles braucht."

Einer weiß um unsere Lage. Er ist größer als unser in der Sorge verfangenes Herz. In seinen Händen ist unsere Zukunft. Und er hat das Herz und das Antlitz eines Vaters. Jesu Dasein und Wort garantieren es. Jetzt ist es möglich, aus der Tiefe der Sorge ein Du anzureden. Damit ist der Teufelskreis durchbrochen.

Die stumme, verschlossene, finstere Sorge lichtet sich in ein Wort und dieses Wort ist Gebet. Wenn ein Mensch in seiner Sorge anfängt zu beten, hat er schon einen Weg ins Freie gefunden, die erstickende Enge ist geöffnet, er gewinnt einen neuen Stand in dem Du, das er anruft.

Er hat sich seine Sorge nicht auf billige Weise ausgeredet, er hat sie nicht mit psychologischen Kniffen bagatellisiert, er hat sie nicht in das Unterbewußtsein verdrängt, so daß sie in noch schrecklicherer Gestalt wieder auftauchen könnte. Er hat die Sorge stehen lassen und sieht sie, wie sie ist. Aber er hat sie „ins Gespräch gebracht".

„Und eben dies bedeutet immer aus Sinnlosigkeit und Angst in ein Vertrauen von Du zu Du und deshalb wird er des morgenden Tages quitt ... er spricht überhaupt nicht vom morgenden Tage, sondern nur vom Tage heute; und über diesen spricht er mit Gott" (Kierkegaard, Christliche Reden). Er hat „seine Sorgen auf den Herrn geworfen", wie die Schrift sagt, er sucht zuerst Gottes Herrschaft und seine Gerechtigkeit. Wo so in der Sorge der Blick frei wird für einen letzten Sinn, für ein letztes Vertrauen, für ein väterliches Antlitz und eine verborgene göttliche Herrschaft hinter allem Rätselhaften und Dunkeln, werden die Dinge, um die man sich sorgt, und seien sie so unentbehrlich und dringlich wie Nahrung und Kleidung „Zugegebenes", das man dankbar annimmt, wenn es geschenkt wird, das aber den Sinn unseres Lebens und sein tiefstes Vertrauen nicht zerstören kann, wenn es versagt wird. Eine solche Freiheit von Sorge ist nur dem möglich, der sich selbst findet, indem er beginnt, jenseits seiner selbst zu leben, nämlich im Vertrauen zu dem, auf den er seine Sorgen geworfen hat.

Den Seinen gibt er's im Schlaf

Der Mensch braucht einen Raum, wo er der sein kann, der er eigentlich ist, einen Raum der Freiheit für das Ganze des Daseins. Dieser Raum ist die Muße. Ein Urlaub, eine Reise, eine Kur oder ein Rückzug in die Stille ist soviel wert, als er in die Muße führt. Ohne Muße verkümmern auch die menschlichen Beziehungen, selbst unter Freunden und in der Familie. Einander tiefer begegnen, einander anhören, aufeinander eingehen, einander helfen und beschenken können, zu all dem ist ein gutes Maß von Muße nötig. Muße ist der eigentliche Raum für die Begegnung mit dem Heiligen, der Raum für das Gebet, den Gottesdienst, das Fest. Das Gottesvolk des Alten und des Neuen Bundes hat einen solchen unverletzlichen und heiligen Raum errichtet im Sabbat und im christlichen Sonntag. Damit ist der Würde des Menschen ein unschätzbarer Dienst erwiesen worden. Was der Mensch ist und wozu er bestimmt ist, wird immer neu an diesem heiligen Tage deutlich.

Aber heute können sich längst nicht alle, die es nötig haben, einen Urlaub, eine Zeit der Muße, gönnen. Die vielen arbeitenden Frauen, die während ihres Urlaubs in Familie und Haus das nachholen müssen, wozu ihnen neben der Arbeit die Zeit und Kraft nicht ausreicht; die Hausfrauen, die kaum einen Tag ihre Angehörigen verlassen können; alle, die für Kranke und Alte sorgen müssen; die Arbeiter, deren Verdienst nicht ausreichen will; die kinderreichen und bäuerlichen Familien und viele andere Gruppen unserer Gesellschaft: sind sie, die Benachteiligten, zum menschlichen Verkümmern verurteilt? Oder auch die vielen, die zwar in den Urlaub reisen, aber auch dort die Muße für „das Ganze des Daseins" nicht finden, weil sie die Sorge, die Verantwortung, die Last und Einseitigkeit ihres Lebens nicht einfach wegwerfen können: was sollen sie tun?

Für alle, Urlauber und Nichturlauber, von der Muße berührte und von ihr Übergangene, gibt es einen köstlichen Psalm, den man geradezu einen Psalm wider den tierischen Ernst nennen könnte. Er ist für alle zum Auswendiglernen zu empfehlen, die untergehen in ihrer Arbeit, erdrückt werden von ihrer Verantwortung und Sorge, die meinen, nichts ginge richtig ohne sie, überall müßten sie dabei sein, die sich selbst zu wichtig nehmen – und wahrscheinlich gehören wir alle mehr oder weniger zu ihnen! Das Wort vom „tierischen Ernst" trifft diesen Zustand gut. Ein Tier ist in seine „Verhaltensmuster" eingespannt, von ihnen bestimmt und getrieben. Es hat keine Distanz zu sich selbst. Es kann im Grunde nur sich wichtig nehmen. Bei unseren lieben Tieren ist dieser Ernst schön und unschuldig – aber bei den Menschen? Sie werden von ihm zerstört. Für solche also sind diese ersten Verse des Psalms 127 der rechte Zuspruch, ein Weg aus der Enge in die Weite. Die Verse heißen: „Wenn der Herr nicht das Haus baut, so mühen sich umsonst, die daran bauen. Wenn der Herr nicht die Stadt behütet, so wacht der Hüter umsonst. Es ist umsonst, daß ihr früh aufsteht und spät euch niedersetzt und euer Brot in Mühsal eßt – den Seinen gibt er's im Schlaf."

Den Seinen gibt er's im Schlaf – ist das Spott, Herausforderung, fromme Übertreibung? Erfahren wir nicht täglich das Gegenteil? Nichts wird uns geschenkt, alles muß erarbeitet, erkämpft, erlitten werden! Vielleicht ist aber das Wort doch wörtlicher zu nehmen, als wir zunächst meinen. Erhält nicht das Leben seine Tiefe, sein Geheimnis und seinen Glanz von dem, was uns „im Schlaf" geschenkt wird, vor allem unserem Planen, Arbeiten und Sorgen? Die Luft, die wir atmen, das Licht, das die Schönheit der Welt zum Leuchten bringt, eine Blume und eine schöne Melodie, die Menschen, die uns etwas bedeuten, die Freundschaft und die Liebe, die glücklichen und schmerzlichen Fügungen, die unser Leben prägen – sind dies nicht Geschenke, Schlafenden leise hingestellt, damit sie sich daran freuen beim Erwachen? Und muß nicht bei unserem oft zu sehr berechneten, geplanten und gezielten Tun das dabei sein, was der eine Glück nennt, der andere seinen guten Stern oder sein Schicksal, das Unwägbare, das wir nicht erraffen können mit frühem Aufstehn und spätem Niedersetzen, mit Häuserbauen und Stadtverteidigen?

Der Psalm weiß um diese menschliche Erfahrung und zugleich *um mehr*. Das Große an seiner Aussage ist, daß er hinter dem zerbrechlichen Glück und hinter dem unausweichlichen Schicksal eine mächtige Hand, ein gütiges Antlitz und ein väterliches Herz sehen kann. Der lebendige *Gott* ist es, der den Seinen im Schlaf das schenkt, was sie mit Frühaufstehn und Nachtarbeit, mit ihrem Bauen und Planen, ihrer Regsamkeit und Wachheit nicht erzwingen können. Wenn wir beginnen, ihn wichtig zu nehmen, schätzen wir die Maße unseres Lebens richtig ein. Dann nehmen wir uns selbst nicht mehr zu wichtig. Wir werden berührt von der Erfahrung, die ein anderer Psalm (131) unvergeßlich einfach und schön ausspricht: „Ich habe meine Seele gestillt und beruhigt. Wie ein Kind auf der Mutter Schoß ist stille in mir meine Seele."

Für uns alle, die wir bedroht sind vom tierischen Ernst der Perfektion und der Hetze, die wir uns gern zu wichtig nehmen und meinen, wir allein müßten es schaffen, ist dieser Psalm ein Gebet, das ernüchtert, die rechten Maße zeigt, entkrampft, löst und heilt. Der Psalm ist reich an Einsicht in das menschliche Leben und in die Wege Gottes. Er ist ein Lob des heiligen Leichtsinns, des Vertrauens in das Geschenkhafte unseres Lebens, und wir sollten ihn ebenso ernst nehmen wie jedes andere Gotteswort.

„Den Seinen gibt er's im Schlaf": dies war die Erfahrung, die Israel mit seinem Gott machte. Seit dem Kommen Jesu hat diese Erfahrung eine ganz neue Tiefe erhalten. Der Herr beschenkt nicht nur die Schlafenden, er begnadet die Sünder und erweckt die Toten. Das unermeßlichste Geschenk der göttlichen Liebe, Jesu Hingabe in den Tod, ist uns zuteil geworden, „als wir noch Sünder waren" (Röm 5,8). Soviel größer ist Gott als unser Herz (1 Joh 3,20). Ein solches Geschenk finden wir vor, wenn wir nur unsere Augen und unsere Herzen öffnen, vertrauen und glauben.

Den Seinen gibt er's im Schlaf – ein gutes Wort für die Muße und wider den tierischen Ernst und ein Wort der Hoffnung für alle, die ihre Augen zu dem erheben, der im Himmel thront, bis er sich ihrer erbarmt.

Der Hoffnung letzte Waffe

Bei zahllosen Sitzungen, Tagungen, Ausschüssen, Kommissionen und Gremien aller Art in Kirche und Gesellschaft geht es meist ziemlich humorlos zu. Verteidigung der eigenen Position, Angst um Einfluß und Macht, Zeit- und Leistungsdruck verbreiten tierischen Ernst. Die „Wichtigkeit der Sache" läßt befreiendes Lachen kaum aufkommen. Wo aber der Humor fehlt, wird das Leben eng, verschlossen, unmenschlich. Im Humor bricht die Ahnung auf, daß unsere verfahrenen Situationen alle nicht so verfestigt und endgültig sind, wie die Humorlosen meinen. In der Kirche mindestens sollte dieser Horizont sichtbar bleiben.

Der amerikanische Soziologe Peter L. Berger hat in seinem Büchlein „Auf den Spuren der Engel" den Humor „Zeichen der Transzendenz" genannt, und zwar „als antizipatorische Imitatio der Erlösung", das heißt: als vorweggenommenes Abbild unserer Befreiung durch Christus. Humor hat immer dort noch ein Lachen übrig, wo es scheinbar nichts mehr zum Lachen gibt. Echter Humor ist etwas anderes als Witz oder verletzende Ironie (obwohl Witz und Ironie hintergründigen Humor enthalten können – der Alemanne Johann Peter Hebel ist dafür Zeuge). Humor entzündet sich an den Ungereimtheiten, Dissonanzen und Konflikten des Daseins. Humor kann lachen über vordergründige Ungereimtheiten, über den Vagabunden, der den großen Herrn spielt, über den Hauptmann von Köpenick, über den gewichtigen Festredner, der sein Manuskript nicht mehr lesen kann.

Humor sucht aber auch die grundlegenden Konflikte des Daseins zu begreifen. Darin ist er der Tragödie verwandt, zeigt aber am selben Gegenstand eine andere, nämlich die zum Lachen reizende Seite. Der geistvoll-heilige Humanist und Lordkanzler Thomas More hat sogar bei seiner Hinrichtung noch diese komische Situation entdeckt: sein Bart habe doch keinen Hochverrat begangen, er solle deshalb vom Schwert des Scharfrichters verschont bleiben. Wer solchen Humor besitzt, muß im Gefängnis unserer Endlichkeit um eine letzte Freiheit wissen, um andere Maßstäbe, an denen letztlich unsere Konflikte zu messen sind.

Der Humor weiß auf die ehernen Notwendigkeiten und die tragischen Konflikte des Daseins eine ganz erstaunliche, unwahrscheinliche Antwort: das Lachen. „Mit den ‚ernsten' Dingen dieser Welt treibt er seinen Schabernack, aber auch mit den Großen, die die Welt regieren. Wichtigtuer, Machtgierige, Diktatoren, fanatische Reformer haben jedoch Angst vor dem Humor, der sie völlig aus der Rolle bringt. Zuletzt ist Humor nur für den möglich, der an Gott glaubt. Wer an Gott glaubt, glaubt auch an Seligkeit und mißtraut der ach so erhabenen Verlorenheit des Menschen. Für ihn ist die Komödie große Literatur. Denn sie ist ein Vorgeschmack der Wahrheit" (Berger).

Es ist ein Alarmzeichen für unsere Gesellschaft und für unsere Kirche, wenn Verteidigung oder Veränderung der Verhältnisse nur mit tierischem Ernst und ohne jeden Funken von Humor betrieben werden. Die Humorlosen haben die Maßstäbe verloren, an denen auch unsere Konflikte zu messen sind. Humorlosigkeit ist ein Zeichen für den Verlust der Transzendenz – so sieht es ein Soziologe.

Anstelle weiterer theoretischer Darlegung sei es gestattet, eine Begebenheit zu berichten, bei der mir und vielen Beteiligten einmalig anschaulich aufging, was Humor ist.

Es war 1943 in einer süddeutschen Garnisonsstadt: Truppenbesichtigung durch einen hohen Kommandeur. Die Einheiten nehmen auf einem Kasernenhof Aufstellung. Es beginnt das martialische Zeremoniell, als ob der Kriegsgott selbst erschiene: Kommandos, Ausrichten, Gewehrgriffe, Meldungen. Mitten in diesen fast mythischen Ritus hinein huscht das kleine Mädchen des Kasernenwärters, das zu entfernen man übersehen hatte, stellt sich vor den ordensgeschmückten Vertreter militärischer Macht hin und sagt: „Du bischt aber ein klein's Soldätle." (Er war klein von Gestalt!) Dann wendet es sich rasch wieder der wichtigeren Beschäftigung des Spielens zu. Für einen Augenblick geriet die eherne, militärische Disziplin, ja der ganze Krieg und die Macht des Reiches ins Wanken. Die Kriegsmaschine war hilflos gegenüber dem Lächeln eines kleinen Mädchens und der einfachen Wahrheit, die es sagte.

Schon oft dachte ich mir: Wenn doch zu den Mächtigen in Welt und Kirche, und besonders zu denen, die nach Macht und Einfluß streben, manchmal so ein kleines Mädchen käme, lächelte und sagte: „Du bischt aber ein klein's Soldätle." Daß wir doch alle dieses Lächeln sehen und diese Stimme hören könnten, wenn die Probleme unlösbar, die Sorgen riesengroß, die Konflikte unlösbar scheinen. Dann kämen die wahren Maßstäbe zum Vorschein, „der Vorgeschmack der Wahrheit". Selbst vor dem unlösbaren Konflikt des Todes könnte solcher Humor noch bestehen.

Auf mittelalterlichen Bildern wird mit befreiendem Humor dargestellt, wie behördliches Siegel, massiver Grabstein und waffenstarrende Soldaten durcheinanderpurzeln vor dem, der größer ist als der Tod. – Christ sein heißt Hoffnung haben angesichts der Dissonanzen des Daseins, Hoffnung, die man noch nicht sieht, Hoffnung gegen die Hoffnung. Aus solcher Hoffnung, die wir uns nicht vormachen, über die wir Rechenschaft geben können, kommt der Humor. Und das Lachen aus solchem Humor, gerade dort, wo es nichts mehr zum Lachen gibt, ist „der Hoffnung letzte Waffe" (H. Cox), das „vorweggenommene Abbild unserer Befreiung".

Der Wahrhaftigkeit halber muß man sich zum Schluß fragen: Wie wird es einem zumute sein, der diesen Artikel liest und vor innerer und äußerer Qual und Dunkelheit nicht mehr zu lachen vermag? Sein Humor und sein Lachen sind nicht ausgelöscht; beides ist umfangen und aufgehoben im Kreuz. Vielleicht ist das Wort von der letzten Waffe der Hoffnung (es stammt aus H. Cox: „Das Fest der Narren") noch etwas zu verdeutlichen. Das Kreuz allein ist der Hoffnung stärkste und verläßlichste Waffe.

Wenn nichts mehr zu machen ist

Zu den finstersten, hoffnungslosesten Worten gehört dieses: „Da kann man nichts mehr machen." Es ist niederdrückend, wenn der Arzt es von einem Patienten sagen muß oder zwei Menschen von einer zerbrochenen Freundschaft und Liebe oder Eltern von mißratenen Kindern oder auch irgendein Enttäuschter, Verbitterter bei Mißerfolgen seines Lebens. Es scheint zur typischen Bedrückung unserer Zeit zu gehören, daß immer mehr Menschen meinen, man könne doch nichts machen gegenüber einem verwalteten, manipulierten, mächtigen Apparat der Technokratie, die immer mehr unsere Freiheit bedroht. „Man kann nichts mehr machen" ist die radikale Absage an alle Zukunft und Hoffnung. Es bleibt nur dumpfe Trostlosigkeit und Flucht in das kleine Glück: Rausch, Sex, Drogen oder was es sonst sei. Könnte man nicht dem Wort vom Nichts-mehr-machen-Können seinen düsteren Herrschaftsanspruch etwas eindämmen oder vielleicht sogar zerstören?

Als erstes muß man wohl zugeben, daß von manchen Menschen, oft gerade von sogenannten Erfahrenen, das Wort zu schnell gesagt wird. Es kommt nicht so leicht vor, daß gar kein Weg mehr offen ist, keine leise Hoffnung mehr Raum hat, daß man überhaupt nichts mehr machen kann. So endgültig verschlossen, festgelegt und starr sind unser Dasein und die Welt nicht. So leicht Glück zerbrechlich ist – „wie Glas", sagt das Sprichwort –, so unvermutet und leise kann es plötzlich wieder da sein. Die Welt ist voller Unberechenbarkeiten, voller Möglichkeiten und Überraschungen. „Es kann sich alles, alles wenden" – darin spricht sich tiefe, gültige Erfahrung aus. Weil die Wirklichkeit so offen ist, weil sie ein Laboratorium voller Möglichkeiten und Überraschungen ist, kann man auch fast immer noch „etwas machen". Träumen, Erwarten, Hoffen, Nach-vorne-Denken und auch den schwächsten Ansatzpunkt einer neuen Zuversicht Ergreifen ist wirklichkeitsgerechteres Verhalten als trostloses, dumpfes Dahindämmern oder heroisch-tragisches Verherrlichen des absurden Schicksals.

Ein Zweites könnte man, von menschlicher Erfahrung her, dem Wort vom Nichts-mehr-machen-Können noch entgegenhalten. Dort, wo „man nichts mehr machen kann", wo man an diese Grenze kommt, zeigt sich oft, wenn nicht sogar immer, ein neuer Weg in tiefere Bereiche unseres Lebens. Bei den genannten Beispielen: der Arzt vor dem unheilbaren Patienten, Menschen vor zerbrochener Liebe oder vor irgendeinem Mißerfolg ihres Lebens, wird ja immer ein neuer Anruf laut, eine neue menschliche Aufgabe sichtbar: das Annehmen der Fügung, das Suchen nach einem tieferen Sinn, einer gültigen Mitte, das Trösten, Aufrichten, Einander-Beistehen. Dort, wo „man nichts mehr machen kann", beginnen oft erst die entscheidenden menschlichen Möglichkeiten und Aufgaben, die das Sinnlose mit Sinn erfüllen, Auswegloses aufbrechen und in Finsternis Licht bringen.

Für den gläubigen Menschen ergibt sich dabei noch eine eigene Weise, eine solche Situation zu sehen und zu bestehen. Dort, wo „man nichts mehr machen kann", beginnt die *Stunde des gläubigen Gebetes.* Das will nicht heißen, Glauben und Beten seien nur in den Lücken, Tiefpunkten und an den Grenzen des Daseins angesiedelt. Die lichten Stunden des Daseins sollten uns eigentlich öffnen für den „Vater der Lichter, von dem jede gute Gabe kommt". Sehr oft aber braucht es die unsichtbare Hand, die „das, was wir bauen, mild über uns zerbricht, daß wir den Himmel schauen..." Wer an dem Punkt steht, wo man nichts mehr machen kann, und anfängt zu beten, gewinnt einen neuen Anfang. Seine Ausweglosigkeit, Leere und Ohnmacht wird einem geheimnisvollen Du anvertraut, in eine Hand gelegt, die alles segnet, verwandelt, neu schafft. Für den Glaubenden und Betenden gibt es nichts Unbewegliches, endgültig Verschlossenes und Verlorenes. Glaube versetzt Berge; Beten ist der Erhörung sicher, nicht in aufrechenbarem Erfolg, sondern in der Stärkung des „inneren Menschen" und einer tieferen Sicht des Daseins.

Oft sagt man: „Es ist nichts mehr zu machen, man kann *nur* noch beten." Recht verstanden, besagt das „nur" nicht einen schmalen, kümmerlichen Rest an noch möglicher Aktivität. Es besagt vielmehr, daß ein neuer Boden gewonnen ist, auf dem man stehen kann, wenn alles wankt; eine neue Mitte, die uns in der Verlorenheit sammelt, ein neuer Weg, der uns aus der Einschließung herausführt in die Weite; und gerade dies ist wesentlich und genügt. Wer an der Grenze angelangt ist, „wo man nichts mehr machen kann", und den Anruf zum Beten hört und anfängt, den Namen des Herrn anzurufen, sei es wie ein Untergehender, Ertrinkender, der beginnt gerade das Entscheidenste zu tun. Im Psalm 37 wird es so ausgesagt: „Befiehl dem Herrn deine Wege und hoffe auf ihn, er wird's wohl machen." – Er wird's wohl machen, gerade da, wo wir es nicht mehr können.

Wenn das Wort: „Man kann nichts mehr machen" nicht nur so unbedacht und beiläufig gesagt wird, wenn es letzte Ausweglosigkeit, Einsamkeit und Finsternis ausspricht, taucht das Geheimnis des Kreuzes auf. Dort, als Finsternis das ganze Land bedeckte und Jesus schrie: Mein Gott, mein Gott, warum hast du mich verlassen, war alle Zukunft und Hoffnung ausgelöscht! Aber gerade diese Stunde wurde zur Wende. Den Verlassenen, Verratenen, ganz und gar Machtlosen hat Gott auferweckt und ihm alle Vollmacht gegeben im Himmel und auf Erden. Der Ort, wo „nichts mehr zu machen" war, ist zum Brennpunkt einer ganz neuen Mächtigkeit geworden, zum Brennpunkt der Liebe, die alle begnadet und befreit.

Wenn also einer „nichts mehr machen" kann und seine Ohnmacht gläubig in die Finsternis des Kreuzes Christi hineingibt, ist immer Stunde der Wende, der schöpferischen Verwandlung und der Hoffnung wider die Hoffnung. Wo man nichts mehr machen kann, beginnt die Zukunft Gottes. – Ist dies alles nicht Phantasieprodukt, Vertröstung für die Zukurzgekommenen? Das geschichtliche Ereignis von Kreuz und Auferstehung des Jesus von Nazaret zerstört solchen Verdacht in der Wurzel.

Wir gehen nicht fehl und werden nicht zuschanden, wenn wir vertrauen, beten, hoffen und einander in dieser Hoffnung bestärken, wo „nichts mehr zu machen ist".

Wenn wir nichts erfahren

Sehnsucht nach unmittelbarer religiöser Erfahrung ist Kennzeichen unserer Glaubenssituation besonders unter der geistig wachen Jugend. Das Experiment mit dem Glauben, dem Gebet, dem Gottesdienst, das Aufsprengen des Herkömmlichen, aber auch der praktische Einsatz für den Nächsten und noch mehr für die Not der Fernen stehen hoch im Rang. Anforderndes Einüben der Meditation, Erlernen der Gebetspraxis wird nicht gescheut, um die Identität mit sich selbst, die Einheit mit dem Göttlichen oder mit dem All und die Gelöstheit, die von solcher Versenkung ausgeht, zu erfahren. Als Antwort auf die Intellektualisierung, Verplanung, Verschulung und Verzwekkung fast aller Lebensvorgänge, als Gegenstoß gegen die Vorherrschaft abstrakter Theorie über die lebendige Praxis ist solches verständlich und wohl auch nötig. „Entzünde das Licht in den Sinnen", betet der Hymnus „Veni Creator Spiritus". Geistliches Leben, Leben aus dem Glauben, erfaßt auch die Sinne, das Gefühl und die Erfahrung. Die ganzheitliche, sinnenfreudige, reiche katholische Welt der Sakramente, der Liturgie, der geweihten heiligen Zeichen und Zeiten lebt aus dieser Wurzel. Die Sehnsucht nach dieser ganzheitlichen, anschaulichen und erfahrbaren Gestalt des Glaubens scheint zu wachsen, und die Seelsorge ist gut beraten, wenn sie solche Strömungen nicht abschätzig unter „Folklore" und „Nostalgie" einordnet, sondern sieht, daß sich hier tiefere menschliche und geistliche Lebensgesetze anmelden, die oft vernachlässigt werden.

Das Verlangen nach religiöser Erfahrung kann jedoch, wenn es nicht im Ganzen des christlichen Glaubens und Lebens seinen Ort hat, wiederum zu Einseitigkeit und Verzerrungen führen.

Wer nur Erfahrung sucht, ist in Gefahr, sich selbst zu suchen und sich selbst in allem zu finden, gerade auch in religiöser Erfahrung. Glaube aber hat immer die Gestalt des Exodus, des Auszuges aus sich selbst. Glaube heißt, sich selbst und seine Erfahrung Gott hinschenken und sie ihm überlassen.

Für das richtige Verhältnis von solchem Glauben, der immer Auszug bedeutet, und der Erfahrung, die festhalten und kosten will, ist die Liturgie unübertreffliche Lehrmeisterin. Alles, was sie in ihren Dienst stellt an sinnenfälliger Schönheit, wird nie seiner selbst willen genossen, es wird hineingenommen in die große Bewegung zu Gott hin, in das Opfer des Lobes. Die ganze Schöpfung wird in die Erfahrung einbezogen, alles aber auch wieder hingegeben. Wo Erfahrung ausruhen und genießen will, ruft der Glaube stets wieder auf den Weg. Die Liturgie hat bei allem Reichtum geistlicher Erfahrung die Nüchternheit und Wachheit bewahrt, die zu solchem Aufbruch nötig ist. Viele suchen heute religiöse Erfahrung; aber vielleicht ist es nur ein kleiner Kreis, der tiefer eindringt. Der Weg zu religiöser Erfahrung ist schwierig geworden. In der Unrast und Zusammenhanglosigkeit unserer Zeit kann sie nicht mehr so selbstverständlich gewonnen werden wie zum Beispiel im Umgang mit der Natur und dem schönen Rhythmus des kirchlichen Jahres. Viele Christen müssen ohne das Angetrieben- und Getragensein von religiöser Erfahrung aus dem „nackten Glauben" leben. Ihr Gebet ist trokken und dürr, der Gottesdienst schenkt wenig fühlbare Erhebung, die Verkündigung spricht nicht an, der Alltag ist oft ohne Mut und Glanz, die Liebe zum Nächsten wird mühsam, das Leiden und das tägliche Kreuz sind ohne Großartigkeit. Ist ein solcher Weg ein Weg ohne Gnade?

Bei Therese von Lisieux finden sich stets neue Einsichten, die die Situation des Glaubenden im 20. Jahrhundert vorwegzunehmen scheinen. Sie hatte ja auch das sichere Bewußtsein, daß sie für viele einen „Weg" aufzeigen sollte. So finden sich bei ihr so ungewöhnliche Worte wie: „Freuen wir uns, wenn wir nichts empfinden, dann sind wir arm im Geiste." „Wenn ihr nur wüßtet, wie groß meine Freude ist, keine zu empfinden, um den Herrn zu erfreuen, das ist eine ganz sublime Freude, ‚de la joie raffinée', obwohl sie gar nicht empfunden wird." Fehlen der Erfahrung schafft hier Raum für den Glauben und die Liebe. Aus Armut wird Reichtum, „Friede", „sublime Freude", die mehr besagt als sinnenhafte Freude. Der ganze Schwerpunkt ist von sich weg in Gott hineingelegt. Ein erstaunlicher und befreiender Weg! Therese war der Meinung, daß man ihn nicht verbissen, sondern lächelnd gehen müsse und könne, weil er Weg der Liebe ist.

Auch das Beten, der Gottesdienst, von dem wir „nichts haben", die Pflichterfüllung und die gute Tat, die wir uns abringen, ohne inneren Schwung, ohne fühlbare Begeisterung, ist Glaubensweg. Denn diese geistliche Armut „stellt vor die eigene Tür" und setzt uns Gott aus. Und ausgesetzt von uns selbst, können wir nichts anderes tun, als unsere ganze Erfahrung bei Gott hinterlegen und bergen, so daß nur der reine

Glaube bleibt, statt der erfahrbaren Freude, der Friede, der alle Erfahrung übersteigt. Es ist gut zu wissen, daß solche Wege und Fügungen, die wohl zu unterscheiden sind von Stumpfheit und selbstverschuldeter Dürftigkeit im Glauben, Wege sind, denen wir uns anvertrauen können und über denen der Friede Gottes ist.

Diesen Glaubensweg beschreibt Therese von Lisieux besonders kühn, wo er in Kreuz und Leiden führt. Es gibt eine Art von religiöser Literatur, die den Eindruck erweckt, Leiden des Christen sei immer erfüllt von innerem Schwung und innerer Tröstung. Bei Therese finden sich dagegen Stellen wie folgende: „Welche Freude, unser Kreuz in Schwäche zu tragen." „Ich kleines Sandkorn will mich ohne Mut und Kraft ans Werk machen ... Wir möchten gerne großmütig, großartig leiden. Wir möchten nie fallen – welche Täuschung. Leiden wir, wenn es sein muß, mit Bitterkeit, ohne Mut. Jesus hat wohl in Traurigkeit gelitten, würde die Seele ohne Traurigkeit überhaupt leiden?"

Leiden ohne Großartigkeit, ohne Mut, ohne Trost, in Bitterkeit und Schwäche, ist das nicht das Schicksal der kleinen Leute, der Geplagten, Bedrückten, Kranken, Alten? Sie sind nicht aus der vollen Gestalt des christlichen Glaubens herausgefallen, sie gehen nicht der Verheißungen verlustig, die denen gelten, die dem Herrn auf dem Kreuzweg folgen. Sie sind vielmehr besonders nahe beim Herrn, „denn die Märtyrer litten in Freude, der König der Märtyrer aber in Traurigkeit".

Religiöse Erfahrung ist ein mächtiger Impuls. Wo sie aber entzogen wird, ist der Weg nicht ohne Gnade. Glaube ohne Erfahrung, Leiden ohne Großartigkeit ist Armut, die den Menschen vor seine eigene Tür stellt und für Gott, seinen Frieden und seine Liebe aufbricht. Kommt es nicht allein darauf an?

Wer nicht zu beten vermag

Immer noch ziehen Bittprozessionen und Wallfahrer durch das Land. Sie behaupten sich zwischen Verkehr und Tourismus. Es ist überhaupt erstaunlich, daß sich in unserer technisierten, scheinbar nur auf greifbaren Erfolg und Nutzen ansprechbaren Welt, die *Beter* so zäh gehalten haben. Es gibt mehr Menschen, die beten, als wir oft meinen. Die Innigkeit und Wirklichkeit des Gebetes, die in Gottesdiensten und an den Wallfahrtsorten zutage tritt, ist nur eine Äußerung des verborgenen Stroms, der auch in unserer Zeit nicht versiegt ist. In dieser unserer Zeit und Welt, mitten in ihrem Lärm erhebt sich Tag und Nacht der Lobpreis des Gebetes wie eine leise, aber unverlierbare Melodie.

Aber auch die andere Tatsache besteht: Viele vernehmen diese Melodie nicht mehr, sie vermögen aus ihrer Sicherheit, ihrer Sorge, ihrer Hetze, der Unruhe oder Trockenheit ihres Herzens nicht mehr herauszukommen und die Augen zu den Bergen zu erheben, woher die Hilfe kommt.

Der heutige Lebensstil ist vielleicht dem Gebet wenig förderlich, und wenn man die Kulturhöhe bemißt nach dem Dienst, den eine Zeit der Entfaltung dieser tiefsten Anlage im Menschen leistet, kommt man zu einem kritischen Urteil! Die Lehrer des geistlichen Lebens zeigen manchen guten Weg, der aus dieser Not herausführt, freilich nur um den Preis großer Geduld.

Manchmal aber glücken auch diese Versuche nicht; ja sie scheinen in nur noch größere Not zu führen, indem sie die Unfähigkeit zur Stille, zum Vertrauen, zur Hingabe offenbaren, die für das Gebet doch nötig sind. Ein Weg aber scheint selbst für die gehbar, deren Kraft erschöpft ist – und wer fühlt sich so gefestigt, daß er solche Wege nicht suchen müßte? Ein Beispiel mag zeigen, was gemeint ist. Im Krieg konnte man die Erfahrung machen, daß auch Männer, die selbst nicht beteten, ja vielleicht nicht einmal mehr glaubten, immer davon berührt wurden, wenn sie wußten, daß jemand für sie bete. Ich selbst habe keinen getroffen, der dies als nutzloses oder dummes Zeug von sich wies, wohl aber solche, die zu ahnen begannen, daß etwas anders wird, wenn man im Gebet eines Menschen aufgehoben ist.

Ein Mensch, für den gebetet wird, ist durch feine Wurzeln mit dem Wohlwollen der Menschen und mit dem Erbarmen Gottes verbunden. Auch wenn er selbst nicht beten könnte, wegen irgendeiner Verwirrung und Dunkelheit, immer kann er sich sagen: Es ist jemand da, der an dich denkt; an dich denkt in der innigsten Weise menschlichen Gedenkens, im Gebet; immer bist du, und alles, was dich bedrängt und erfüllt, vor das Angesicht Gottes gestellt in der Fürbitte der Brüder. Dieser Zuspruch an sich selbst ist kein leerer Trost. Die Realität des Gebetes und der Fürbitte in der Welt steht hinter ihm.

Wo immer sich also jemand von dem Strom des Betens tragen läßt, sich in das Gebet einschließt, wie man sagt, ist er kein Vergessener, kein Erloschener und Stummer mehr. Er kommt wieder zur Sprache vor Gott im Gebet der Fürbittenden. Er ist wieder eingepflanzt in den fruchtbaren Erdboden des Gebetes und umgeben von seinem vielfältigen Leben und Wachstum. Vielleicht darf man sogar sagen: er ist wieder ein Betender geworden. Denn man darf diesen ersten Schritt zum Gebet nicht einfach als bequeme und passive Haltung, als versteckten Pietismus oder schläfriges Umgehen der Anspannung und Anstrengung des Betens betrachten. In einer solchen Einfügung kann sehr viel Glaube, Demut, Armut vor Gott und Ergebung lebendig sein. Ein solches Sich-dem-Gebete-Anvertrauen ist mehr als eigensinniges und eigenmächtiges Beten. Wem es also leichter fällt, den Schritt in die Fürbitte der Brüder hinein zu tun als in das eigene Gebet, geht einen guten Weg. Er ist bereits auf dem Weg des Gebetes und vor Gottes Angesicht, eben durch diesen leichten Schritt.

Eine weitere, überaus froh machende Überlegung müssen wir noch andeuten. Der Schritt in die Fürbitte der Brüder ist der Schritt in die Fürbitte Christi hinein und in den Reichtum und die Kraft seines Betens. Sich der Fürbitte der Brüder anvertrauen heißt sich der Fürbitte Christi anvertrauen. Einen anderen Weg zum Herzen Gottes als diesen gibt es nicht. So können wir gerade in den dunklen Stunden, wenn das Gebet zu erlöschen scheint, die eigenen Worte verstummen und die Wünsche des Herzens sich verwirren, in das tiefste Geheimnis des christlichen Betens hineinkommen. Wir können ahnen, was das heißt: „Der Geist selbst tritt für uns ein, mit wortlosem Seufzen. Und er, der das Herz erforscht, weiß, was der Geist begehrt, daß er, so wie es Gottes Wille ist, für die Heiligen betet" (Röm 8,26–27).

Ist dies nicht ein genialer göttlicher Gedanke, voll seines Erbarmens: Wenn wir nicht wissen, um was wir beten sollen und wie wir richtig beten sollen, sind wir dem eigentlichsten und wirksamsten Gebet am nächsten?

Dieser neue, kühne Weg des Betens ist kein Irrweg und nicht unerprobt. Vom Beginn der Kirche an wird der mächtige und starke Wille sichtbar, sich ihrer Fürbitte anzuvertrauen. Bis in das unberührbare, nur dem Dank, dem Lobpreis und dem Gedächtnis Jesu geweihten Heiligtum des Eucharistischen Hochgebetes hinein haben sich die Anliegen gedrängt. Und die Beteiligung der Fürbitte der Kirche an der Vergebung der Sünden ist ein uralter Gedanke, der in der alten Bußliturgie ergreifend ausgedrückt wurde. Das Gebet der Kirche ist immer da, wie der Boden, der uns trägt, wie der Himmel, der sich über uns wölbt. Dieser Raum der Kirche, ihre Gemeinschaft, ist die Heimat echten Betens. Aus dem Atem dieser Heimat können auch wir wieder Beter werden.

Und die Unzähligen, die von dieser Fürbitte leben, sind an die Beter ein gewaltiger Anruf. Jeder, der betet, trägt viele Brüder und Schwestern über tödliche Abgründe hinweg. Wo die Fürbitte nicht verstummt, wird die Stadt, das Land, ja die Welt gerettet.

Des Menschen Einsicht erkennt man an seiner Geduld

Eine Tugend des Ostens ist die Geduld, eine Untugend des Westens die Ungeduld. Geduld hat der, der warten kann, bis der richtige Augenblick zum Handeln da ist. „Der Geduldige hält aus bis zur rechten Zeit" (Sir 1,23). Dazu gehört eine große Kraft des Herzens, der Mut durchzuhalten, „darunterzubleiben". So heißt das griechische Wort für Geduld in der Heiligen Schrift. Der Ungeduldige bringt nicht die Kraft auf, auszuhalten und darunterzubleiben unter dem, was ihm auferlegt ist. Er bricht aus und greift vorschnell ein. Diese Aktivität kommt jedoch aus seiner Schwäche. Deshalb verwirrt sie die Dinge und ihn selbst. An Geduld mangelt es uns heutigen Menschen. Wir können nicht zuwarten, nichts kann schnell genug gehen, mit vorläufigen Lösungen wollen wir uns nicht zufriedengeben, auf den ersten Anhieb soll möglichst alles perfekt sein. Das Leben entspricht jedoch selten solchen Vorstellungen. Deshalb werden wir nervös, gereizt, ungerecht und unausstehlich. Wir stiften Verwirrung, weil wir zuwenig Geduld haben. Wir brechen aus, wo wir „darunterbleiben" sollten, bis zum rechten Augenblick. Wieviel Streit haben schon Worte angerichtet, die aus der Ungeduld kommen. „Mancher schweigt, weil er nichts erwidern kann, und mancher schweigt, weil er weiß, wann's Zeit ist. Der Weise schweigt bis zum rechten Augenblick. Tor und

Schwätzer aber lassen die rechte Zeit unbeachtet" (Sir 20,6–7).

Man kann gegen diese nervöse Ungeduld unserer Zeit manches unternehmen: gut ausschlafen, für Entspannung sorgen, Sport treiben, Gelegenheit zu Humor und Freude in den Tag bringen, eine vernünftige Ordnung der Zeit einhalten, sich nicht hetzen lassen und vieles andere. Solche Hilfen soll man nicht geringschätzen, Tugend hängt oft von vielen kleinen Dingen ab.

Geduld ist aber mehr als gut ausgeschlafen haben und guter Laune sein. Geduld ist auch mehr als sich guter Nerven erfreuen. Geduld kommt zuletzt aus einer geistigen Einsicht und Haltung. Die Geduld ist geradezu ein Maßstab für das Format eines Menschen. „Des Menschen Einsicht erkennt man an seiner Geduld" (Spr 19,11). Geduld kann nur der haben, der überlegen ist, der nicht im Augenblick aufgeht, der einen geistigen Horizont hat und mitten in der Verwirrung ein tiefes Vertrauen auf den guten Ausgang allen Geschehens.

Geduld ist die Eigentümlichkeit Gottes. Wir nennen sie seine *Langmut.* Er besitzt den „Reichtum der Geduld" (Röm 2,4). Er steht über jeder Verwirrung, er übersieht alles Geschehen, nichts kann ihm entgleiten oder über den Kopf wachsen. Darum kann Gott warten, bis etwas reif ist. Er kann sein Gericht zurückhalten und die Zeit der Schonung und der Gnade gewähren. Dies ist die Erfahrung der heiligen Geschichte mit dem lebendigen Gott. Er ist ein langmütiger Gott, „ein barmherziger und gnädiger Gott, langmütig und reich an Huld und Treue" (Ex 34,6; Ps 103,8). Darum kann er auch uns aushalten und ertragen, Sünder und Gerechte. Wir alle und die ganze Welt sind immer von dieser göttlichen Geduld getragen und in ihr aufgehoben.

Geduld kann der Mensch nur haben, wenn er Einsicht in diese Geduld Gottes hat und sich von ihr umfangen weiß. Geduld haben heißt nach der Heiligen Schrift viel mehr als einer Verwirrung Herr werden, den Kopf oben behalten und seiner selbst mächtig bleiben. Geduld haben heißt sich an Gott festhalten und festmachen und an ihm nicht irre werden, mitten in der dunkelsten Prüfung. „Die sich am Herrn festhalten, schöpfen neue Kraft... Ihnen wachsen Schwingen wie Adlern. Sie laufen und werden nicht müde, sie gehen und werden nicht matt" (Jes 40,31). Darum wird Gott „Gott der Geduld" genannt, und darum können wir aus der Schrift, die Zeugnis gibt von seiner Langmut, „Geduld und Trost" schöpfen (Röm 15,4).

Wir sollten lernen, die täglichen Zerreißproben der Geduld im Lichte der Langmut Gottes zu sehen. Wo Geduld von uns gefordert wird, taucht immer eine Möglichkeit Gottes vor uns auf. „Was auch über dich kommen mag, nimm an und hab Geduld bei den Wechselfällen deiner Trübsal. Denn das Gold wird im Feuer geläutert, der gottgefällige Mensch im Ofen der Trübsal; vertraue auf Gott, er nimmt sich deiner an" (Sir 2,5–6).

Es ist notwendig, daß wir Geduld haben mit uns selbst. Wir sind nie Fertige, sondern immer Wachsende. Wo aber Wachsendes, Lebendiges ist, muß man warten können bis zum rechten Augenblick, und dies erfordert Geduld. Geduld ist auch nötig gegenüber dem Geschehen in Kirche und Welt. Die Kirche ist noch nie erneuert worden durch ungeduldige Wichtigtuer, die nicht warten können, sondern durch jene, die „darunterblieben“ bis zum rechten Augenblick – darunterblieben auch unter der Last der Geschichte –, die sich am Herrn festmachten und eingriffen „auf sein Wort hin“. In den Prüfungen, die über Welt und Kirche hereinbrechen, ist solche „Geduld der Heiligen“ nötig, sagt uns das Trostbuch der Offenbarung Gottes an Johannes (Apk 13, 10).

Geduld müssen wir vor allem untereinander wieder neu üben. Das große Wort „Liebe“ heißt in die harte Wirklichkeit des Lebens übersetzt meist: Geduld haben miteinander, einander annehmen und ertragen. Trotz aller Enttäuschungen stets neu beginnen mit einer Aufgabe, einer Arbeit, mit den Mitmenschen und mit sich selbst, dazu braucht es die Geduld, den Mut zum „Darunterbleiben“. Wenn jemand mit nichts und mit niemanden Geduld haben kann, muß man fürchten, daß er keine Einsicht in seine wahre Lage hat, daß er nämlich selbst auch nur einer von Gottes Geduld und Langmut Getragener und Ertragener ist.

Kann aber eine solche Geduld in der Wirklichkeit des Lebens bestehen? Ist diese Geduld im Grunde nicht getarnte Schwäche? Geduld ist kein Sichtreibenlassen, kein passives Beiseitestehen und keine naive Gutmütigkeit. Geduld ist immer verbunden mit Zugreifen im rechten Augenblick. Sie gehört zur Kunst des Leitens und Regierens. Sie erreicht mehr als Gewalt. Wieviel Leid wäre der Welt erspart geblieben, wenn das „Darunterbleiben“ bis zum rechten Augenblick mehr gegolten hätte als törichtes Zugreifen und Dreinschlagen.

Die Heilige Schrift sagt uns, daß die Geduld nicht etwa zum Trübsinn führt, sondern daß sie die eigentliche *Wurzel der Hoffnung* ist. „Wir rühmen uns der Trübsale, da wir wissen, daß die Trübsal Geduld wirkt, die Geduld aber Bewährung, die Bewährung aber Hoffnung, und die Hoffnung wird nicht zuschanden" (Röm 5,3–5). In der Trübsal sich in Gott festmachen und aushalten, darin besteht die Geduld. Darum „rühmen wir uns der Trübsal", denn dieses geduldige Ausharren ist die Gestalt des Lebens, die Gott allein anerkennt, die sich vor seinem Auge bewährt: „Geduld wirkt Bewährung." Geduld ist deshalb der einzige Grund, der zur Hoffnung berechtigt. Daß solche Hoffnung nicht zuschanden werden läßt, ist uns bezeugt, in der Auferweckung Jesu Christi, des geduldigen Gottesknechtes, von den Toten.

Die Geduld des Christen ist Anteil an der Geduld Christi und seines Kreuzes, und deshalb ist sie voller österlicher Hoffnung und Zuversicht. Sie kann nicht zuschanden werden. Darum können alle die Mut fassen, denen besonders schwere Proben der Geduld auferlegt sind: die Kranken, Leidenden, Mühseligen und Beladenen. Ihnen reift aus der Geduld, dem gehorsamen „Darunterbleiben" und sich am Kreuz festmachen, jene Frucht, die aus der Geduld Christi kommt: „Der Friede, der alles Begreifen übersteigt" (Phil 4,7), das Geschenk des Auferstandenen an die Seinen.

„Im Verborgenen lehrst du mich Weisheit"

Im Mai 1568 reiste Petrus Canisius (mit Kardinal Otto Truchseß von Waldburg) nach Rom. Bei einem Halt in Ascona ging er in den Dom, um das Gewissen zu erforschen, wie es die Regel des Ordens vorschreibt. Da traf ihn ein Strahl himmlischen Lichtes. Er hat die Erleuchtung in seinen „Bekenntnissen" aufgezeichnet: „Ich erkannte, daß ich nichts bin und nichts weiß, aus mir selbst nichts kann und nichts habe. Du allein, o Gott, bist allen guten Anfangs Mitte und Ende. Alles quillt aus dir, und zu dir muß alles zurückfließen. In mir ist vieles unrein, weil ich mich selbst für etwas halte. Ich habe viel gesündigt, weil ich deine Gaben nicht dir zurückgab, sondern aus ihnen mir selbst Lob bereiten ließ. Von jetzt an will ich mit deiner Gnade mich selbst mit neuen Augen betrachten. Demut und Einfalt des Herzens sollen die Wege sein, auf denen ich wandle."

Diese Aufzeichnung ist in mehrfacher Hinsicht bedeutsam. Sie beschreibt eine innere Erleuchtung und Erfahrung, die zur Wende im Leben des Heiligen wurde: „Von jetzt an will ich mich... mit neuen Augen betrachten", „neue Wege wandeln". Diese Wende entspring der Erkenntnis, „daß ich nichts bin", daß „Gott allein Anfang, Mitte und Ende" ist und ihm allein aller Ruhm gebührt.

Der diese Erfahrung machte, war nicht ein Mensch,

der in Äußerlichkeiten aufging. Es war ein Mann Gottes, ein wahrer Nachfolger Jesu, der sich schon seit Jahren verzehrte für die Kirche in Deutschland. Diese letzte, entscheidende Einsicht jedoch, daß Gott allein Alles in allem ist und erst dann in uns Raum gewinnt, „wenn wir uns selbst für nichts halten", war ihm bisher noch nicht in dieser Klarheit und erlebnismäßigen Mächtigkeit geschenkt worden. Bezeichnend ist vor allem, daß ihm diese zugleich demütigende und beglückende Weisheit nicht zuwuchs in seiner reichen wissenschaftlichen, seelsorglichen und kirchenpolitischen Tätigkeit, sondern in der Verborgenheit des Gebetes, in der Einsamkeit der Gewissensprüfung. Bei ihm, wie bei allen Heiligen und bei allen, die Gott wahrhaft suchen, trifft die Erfahrung von Psalm 51 zu: „Siehe, du liebst Wahrheit im Innern, im Verborgenen lehrst du mich Weisheit."

In einer Epoche, in der oft nur zählt, was äußerlich ins Gewicht fällt, Erfolg aufweist, propagandistisch verwertbar ist, ist dieser Psalmvers geradezu Orientierungsmarke, an der wir Gottes eigenstes Wirken erkennen können.

Weisheit im Verborgenen, neue Sicht des Lebens und Mut zu neuen Wegen wachsen in der demütigen, verborgenen *Geduld des Hörens.* Hören, Hinhören, Zuhören, nicht um Neuigkeiten zu erfahren, nicht um auszuhorchen, sondern um ehrfürchtig offen zu sein für das, was Dinge und Menschen sagen wollen, ist der erste Weg zur Weisheit. Nur dieses Hören führt zum verborgenen Grund. Hören auf die verborgene Stimme des Gewissens, Hören auf Gottes Wort, seinen Trost und Anspruch, Hören auf Freude und Not der Menschen, Hören auf die leise Sprache der Dinge, Hören auf die Stimme der Zeit hinter dem Lärm des

Tages, das alles sind Erfahrungen, die sich auf dem öffentlichen Markt der neuesten Ereignisse schlecht verkaufen. In Wirklichkeit aber ist diese Geduld des Hörens Anfang allen menschlichen Verstehens, Quelle allen gläubigen Lebens. In dieser Verborgenheit wächst die Weisheit, ohne die „Öffentlichkeit" zum unmenschlichen Apparat wird.

Es gibt nicht nur ein Hören, sondern auch ein Reden in Verborgenheit – *das Gebet.* „Der Zauberschlüssel zum Tor der Weisheit ist nicht die Reflexion, sondern das Gebet" (Peter Wust). Das Gebet reicht hinein in das verborgene Geheimnis Gottes.

Im Gebet nehmen wir Anteil am Verborgensten und Mächtigsten, das es gibt, am ewigen Gespräch zwischen Vater, Sohn und Heiligem Geist. In diesem so verborgenen Tun ist der Mensch ganz bei sich selbst, weil er ganz im Grunde seines Wesens, in Gott, ruht. Auch das öffentliche Gebet im Gottesdienst muß aus dieser Tiefe und Verborgenheit kommen, wenn es nicht der hohlen Äußerlichkeit verfallen soll. In der Verborgenheit des Betens wird uns letzte, gültige Weisheit gelehrt.

Alle erneuernden Kräfte in der Kirche sind von jeher aus der Gemeinschaft solchen Betens erwachsen.

„Im Verborgenen lehrst du mich Weisheit", dieses Wort erhält seine unergründlichste Tiefe, wenn der Mensch hineingeführt wird in das verborgene *Geheimnis des Kreuzes.* Diese Weisheit steht quer zur Weisheit der Welt. Sie lehrt: Im Scheitern ist neuer Anfang, in der Schwachheit kommt die Kraft zur Vollendung, in der Verlassenheit ist Gott am nächsten, aus der Nacht entspringt das Licht, aus der Trauer die Freude, aus dem Tod das Leben. Wieviel verborgenes Leid gibt es unter uns und im eigenen Leben! Ob es zur Bitterkeit wird, die vergiftet und vor Gott verschließt, oder zur Gnade, die das Leben verwandelt, hängt davon ab, ob wir in der Verborgenheit des Leidens die Weisheit des Kreuzes und seine Kraft der Verwandlung erkennen.

Weisheit im Verborgenen – zu Unrecht beruft sich auf dieses Wort, wer sich von der Welt, den Menschen, den nüchternen Aufgaben des Tages abwenden und die Flucht in eine egoistische Innerlichkeit antreten will. Die im Verborgenen geschenkte Weisheit drängt an das Licht der Öffentlichkeit.

Doch nur jenes Tun verwandelt die Welt zum Besseren, das zuvor im Verborgenen Weisheit gelernt hat, die Weisheit des Hörens, Betens und Leidens. Das schöne Wort aus dem 51. Psalm und die Erleuchtung des Petrus Canisius regen zum Nachdenken darüber an.

Lärm um nichts

Dem wissenschaftlich-technischen Fortschritt scheint der rapide zunehmende Lärm in unserem Jahrhundert die Waage zu halten. Lärm wird geradezu Kennzeichen unserer Zivilisation und zugleich eine der gefährlichsten Bedrohungen des Menschen. Die gesundheitlichen Schäden lassen sich jetzt schon erheben. Wie die dauernde Lärmüberflutung die seelisch-geistige Struktur des Menschen verändern wird, ist kaum noch bedacht. Lärm ist ja nicht nur das Ergebnis einer gewissen Phonstärke. Den akkustischen Lärm übertrifft bei weitem der Lärm der Information, der Werbung, des Vergnügens, der Politik. Um in einer Welt des Lärms sich bemerkbar zu machen, bedarf es des stets neuen „shocking". Wird es überhaupt noch „ruhiges", auf Reizeffekte verzichtendes Denken und Sprechen geben? Wird der von äußerem und innerem Lärm Umhergetriebene noch fähig sein, die tiefen und feinen, unausgesprochenen und nur angedeuteten Fragen, Hinweise, Anrufe und Bitten zu hören, die unser menschliches Leben und die personalen Beziehungen erst beseelen? Wird er den erfahren können, der nicht kommt „im starken mächtigen Sturm, der Berge zerreißt und Felsen zerbricht", nicht „im Erdbeben" und nicht „im Feuer", sondern „im leisen, zarten Säuseln"? (1 Kön 19,11ff.) Wo diese leise, zarte Stimme nicht mehr vernommen wird, fängt der Lärm zu regieren an im Menschen und um ihn herum.

In Psalm 39, Vers 7, wird vom Menschen gesagt: „Um ein Nichts macht er Lärm." Vielleicht darf man dieses Wort auch so verstehen: Das „Nichtige" ist die eigentliche Ursache des Lärms. Wo der Mensch das bleibende, ewige Sein aus seinem Blick verliert und sich dem „Nichts" zuwendet, fängt er an, Lärm zu machen. Wo Unwesentliches, Nichtiges den Menschen beherrschen, hört das Sprechen auf, und das Lärmen beginnt. „Um ein Nichts macht er Lärm."

Der Lärm ist also im Grunde kein bloß technisches, vielmehr ein menschliches, ja religiöses Problem. Der Mensch, dem Nichtigen verfallen, macht Lärm und sucht Lärm; der Mensch, vom Ewigen angerufen, wird still und sucht die Stille. Sein Fühlen, Denken, Reden und Tun lebt in diesem Raum der Stille. Es ist uns nicht möglich, dem Lärm örtlich zu entgehen. Wir tragen unseren eigenen Lärm in die stillsten Stunden hinein, sogar in den Gottesdienst, so daß Reform oft zu Unruhe entartet. Es ist uns aber vielleicht möglich, mitten im Lärm den inneren Blick vom Nichtigen hinweg zum Bleibenden, Wesentlichen hinzuwenden und so lärmfreie Zonen zu bilden mitten in einer Welt voller Lärm. Zu wenige Menschen, scheint mir, vermögen die östlichen Formen der Meditation zu erfassen und durchzuhalten. Absolut still und leer zu werden ist für uns Abendländer sehr schwierig. Es gibt jedoch den anderen Weg: die Hinwendung zu großen, wesentlichen, bleibenden, ewigen Dingen, vor denen der Lärm verstummt und das Schweigen, Schauen, Erfahren, das innere und äußere Sprechen beginnt. Berührung mit dem, was ist und bleibt, befreit vom Lärm um nichts. Dazu einige Hinweise, die mehr andeuten als belehren wollen.

Auch in einer „machbaren Welt" ist die Berührung

mit dem großen Atem der Natur immer noch ein Weg aus dem Lärm: die Unendlichkeit des Meeres, die schweigende Einsamkeit hoher Berge, das ruhige Dahinziehen des Stromes, das Selbstgespräch eines murmelnden Bächleins, das stille Blühen einer Frühlingswiese mit dem feinen Summen der Insekten, die erfüllte Stille des Waldes, die große Ruhe der Nacht – außerhalb unserer Städte – mit ihren vielen seltsamen Stimmen, die man im Tageslärm nicht hört. Man kann sagen: Was soll diese versponnene Romantik? Nur das eine: dem einen oder anderen eine Spur sichtbar machen, die ihn aus dem „Lärm um ein Nichts" herausführt und ein wenig für das öffnet, was nur in der Stille erfahren werden kann.

Der Lärm um nichts wird vor allem dort als leere Wichtigtuerei überführt, wo Wahrheit und Schönheit gültig aufleuchten. Für die einen ist es die Auseinandersetzung mit großen, bewegenden Gedanken, für die anderen das Verstehen einer Dichtung, deren Bilder und Worte Stille atmen und nicht lärmen. Im Glanz eines Kunstwerks von hohem Rang fällt das Lärmende und Nichtige von uns ab; besonders die Gewalt großer Musik kann befreien aus Kleinheit und Enge, die den Blick auf das Bleibende so oft verstellen. Die Verkümmerung der Musik und das Übergewicht schulmäßiger Belehrung im Gottesdienst sind Alarmzeichen für die Ausbreitung des „Lärm um nichts".

Ein Weg aus dem Lärm, nicht nur Künstlern und Literaten reserviert, sondern allen offen, ist das gute Gespräch. Wo wir miteinander so sprechen und aufeinander so hören, daß die Raffinesse der Taktik und der Lärm der Überredung nicht nötig werden, wo in diesem Hören und Reden so viel Offenheit, Takt und

Geduld ist, daß das Eigentliche gesagt werden kann, da sind mitten in einer Welt voller Lärm lärmfreie Zonen errichtet, in denen der Mensch wieder leben kann. Liebe vertreibt nicht nur die Angst, sie überwindet auch den Lärm.

Der Mensch ist nicht dazu verflucht, nur Lärm um nichts zu machen. Er braucht mit seiner Sehnsucht und der Suche nach Stille nicht zu warten, bis die technische Lärmbekämpfung perfekt geworden ist. Berührung mit dem, was ist und bleibt, befreit aus dem Lärm um nichts. Dazu führen viele Wege, dafür stehen reiche Möglichkeiten offen.

Alle Wege aus dem Lärm münden in den einen Weg, der vor Gottes Antlitz führt. Wo seine Ewigkeit aufscheint, verstummt der Lärm um nichts. Vor Gott erst wird der Mensch ganz vom Lärm befreit und zum Sprechen befähigt. Allein der hörende und betende Mensch hat radikal aufgehört, Lärm um nichts zu machen. Er ist still geworden vor Gott. Er ist der Versuchung enthoben, Gott lärmend zu überreden. Ihm ist nämlich verheißen, daß der Geist Gottes selbst sich seiner Schwachheit annimmt und für ihn eintritt mit unaussprechlichem Seufzen (Röm 8, 26). Wer sich also Gott ganz ausliefert und Gottes Geist auszusprechen überläßt, was sein tiefstes, ihm selbst nie ganz verstehbares und aussprechbares Wesen und Sehnen ist, gelangt vom Lärm um nichts zum „Neuen Lied" der Liebe: „Ich habe meine Seele beruhigt und still gemacht. Wie ein kleines Kind bei der Mutter ist meine Seele still in mir. Israel, harre auf den Herrn, von nun an bis in Ewigkeit" (Psalm 131).

Die andere Rolle

Das Fastnacht-Ereignis, das von Jahr zu Jahr so viele Menschen in Bewegung versetzt und ein fast kultisches Ritual aufweist, muß menschlichen Ursehnsüchten entsprechen. Wo aber die Tiefe des Menschen angesprochen wird, trifft man immer auch auf religiöse Wurzeln. Nun wollen wir nicht zu naiv sein und Fastnacht zum anonymen christlichen Fest erklären. Im Gegenteil, Fastnacht, wie es sich heute darbietet, ist ein monströses Geflecht von urwüchsig-derbem Humor, entmythologisiertem Dämonenspuk, Narrenwitz, Durchbruch durch Zwang und Monotonie eines entleerten Lebens; es ist auch ein großes raffiniertes Geschäft, organisiertes „Unternehmen", oft Freiraum für massiven Egoismus und ungehemmtes Austoben. Die andere Rolle jedoch, die jeder einmal spielen möchte, hält nicht durch. Die Verwandlung der Welt dauert nicht an. Die fröhliche Machtübernahme der Narren verläuft im Sande, ohne etwas verändert zu haben. Der Traum, einmal ein ganz anderer zu sein, durchzubrechen in eine unkomplizierte Welt, erfüllt sich nicht. Darum stellt sich nach dem Fest der Narren die Traurigkeit ein, die Aschermittwochstimmung, die mit dem zuversichtlichen christlichen Anfang der österlichen Bußzeit wenig gemein hat. Die rechten Narren wissen schon vorher um die Vergeblichkeit ihres Treibens und ihrer Späße und sind deshalb meist von Natur aus Melancholiker. Fastnacht scheint so etwas zu sein wie ein Rütteln an den Gefängnisgittern unserer Endlichkeit, eine Sehnsucht, die Rolle, die man spielen muß, einmal abzulegen und ein ganz Anderer zu sein, nämlich der, der man eigentlich ist. Fastnacht ist ein Traum, ein unwirkliches Zwischenspiel des Lebens, ein Rausch, eine Utopie, die festzuhalten nicht möglich scheint.

Es scheint, daß gerade bei diesem uralten, elementaren Aufbruch menschlichen Daseinsverständnisses die sonst so außerordentlich starke Umwandlungskraft des Christlichen gegenüber heidnischen Festen und Bräuchen sich nur wenig durchsetzen konnte. Warum wohl gerade hier nicht? Sollte man nicht meinen, die Ansatzpunkte seien besonders günstig?

Die christliche Botschaft ist doch anscheinend etwas Ähnliches. Ist sie nicht Ankündigung des Durchbruchs und der Befreiung, Verheißung eines „neuen Menschen“ mit „neuem Namen“ und „neuem Lied“ auf den Lippen? Ist nicht der grundlegende Rollentausch angesagt: „Mächtige stürzt er vom Thron und erhebt die Geringen“? Ist nicht der christliche Glaube selbst eine Art „Narrheit“ für die nüchternen Realisten; für alle, die zu wissen meinen, von welchen ganz handfesten Mächten die Geschichte bewegt wird? Die Glaubenden sind zu „Narren“ in dieser Welt geradezu vorbestimmt: „Was töricht ist vor der Welt, wählt Gott aus, um die Weisen zu beschämen“ (1 Kor 1, 27), „das, was nichts ist, um das, was etwas ist, zunichte zu machen, damit sich niemand rühme vor Gott“ (1 Kor 1, 29). Darum werden wir, wie in einer neutestamentlichen Büttenrede voll von Widerspruch, geradezu aufgefordert und ermahnt, „Narren“ zu werden: „Glaubt jemand unter euch weise zu sein in dieser

Welt, der werde ein Tor, um ein Weiser zu werden" (1 Kor 3,18). In der Tat, der christliche Glaube ist in den Augen der klugen, illusionslosen, kritischen Realisten und Praktiker eine Art Narrenspiel, ein unwirkliches Treiben, eine verstiegene Utopie, eine törichte „Umwertung der Werte". Die großen Zeugen des Glaubens, die das Evangelium radikal lebten, sind deshalb auch immer wieder in den Geruch der Narrheit und des Verrücktseins gekommen, weil sie das Unsichtbare, aus dem kein Kapital zu schlagen ist, ernster genommen haben als das handgreifliche und einleuchtende Sichtbare.

Es ist so: der Christ spielt in einer Art Fastnacht mit. Er durchbricht immer wieder das eingefahrene, als gültig erklärte Rollenspiel. Er setzt auf das, was man nicht sieht, statt auf „Realitäten"; er hält es mit den Geringen, Unbedeutenden statt mit den Einflußreichen; er trägt des anderen Last, statt sich ein bequemes Leben zu machen; er verschenkt sich, statt sich durchzusetzen und zu behaupten; er verzeiht, statt gerechte Vergeltung zu betreiben; er betet, statt zu verzweifeln. Er lebt im Durchbruch zu einer ganz neuen, befreiten, geglückten Rolle. Er soll diese neue Rolle jetzt schon, wie ein „Narr" unter „Klugen", einspielen. Je besser ihm dies glückt, desto mehr schenkt er vielen Mut und Hoffnung; auf jeden Fall bringt er alle seine Zuschauer in Bewegung.

Warum eigentlich ist Fastnacht dann nicht ein christliches Fest geworden? Es lohnt sich, diese Frage zu stellen; sie ist keine literarische Spielerei. An solchen Erfahrungen kann uns die „Unterscheidung des Christlichen" deutlich werden.

Zunächst sieht man diesen Unterschied: Der christliche Durchbruch in die „andere Rolle", zu einem

„neuen Menschen", ist nicht rauschhafter Versuch von unten; er ist Geschenk einer unverdienten, unverhofften, unbegreiflichen Liebe von oben. Die „andere Rolle" ist Gnade, reines Geschenk, das die empfangen, die „wachen und beten", die „nüchtern, gerecht und fromm in dieser Welt leben" (Tit 2,12); die also den Durchbruch in die neue Dimension nicht in vitalem, rauschhaftem Überstieg über sich selbst erzwingen wollen. Das sind zwei Weisen des Existenzverständnisses, die sich ausschließen. Es ist nötig, sie zu sehen; deshalb braucht man noch lange nicht jede harmlose Narrenfreude der Fastnacht mit schwerster Ideologie zu befrachten. Ein kritischer Vorbehalt jedoch kann nur hilfreich sein. Dieser Vorbehalt geht tiefer als die Entrüstung über moralische Skandalgeschichten der Fastnacht.

Ein Unterschied zwischen fastnächtlichem und christlichem Durchbruch zur „andern Rolle" ist besonders scharf. Christlicher Glaube weiß, daß es nur eine einzige Stelle gibt, wo der Durchbruch möglich ist und die Dimension des „neuen Menschen" sich öffnet: *Jesus Christus.* Er ist der „neue Mensch", der ganz neue Anfang, der heraufbrechende Tag. Darum: „Laßt uns im Tag wandeln ... nicht in Schmausereien und Trinkgelagen ... Zieht vielmehr an den Herrn Jesus Christus" (Röm 13,13–14). Durchbruch zum „neuen Menschen" – eine Ursehnsucht der Menschheit! Fastnacht versucht es mit einer Überdosis an Lebenslust. Melancholie ist die Folge. Der christliche Glaube kennt nur einen einzigen, sehr schmerzhaften Prozeß, nämlich den des heilbringenden Kreuzes. „Mag auch unser äußerer Mensch aufgerieben werden, so wird doch der innere von Tag zu Tag neu ... Darum verlieren wir nicht den Mut" (2 Kor 4,16). „Ich überströme von Freude in all unseren Drangsalen" (2 Kor 7,4).

Beide Seelen sind in unserer Brust: die fastnächtliche Narrheit – und die christliche, falls wir glauben. Wir müssen sie unterscheiden lernen!

Die Himmel der Welt

„Hier ist des Volkes wahrer Himmel", sagt Faust vom Getümmel des dörflichen Ostertanzes. In der Urgewalt eines Festes wird der Mensch aus seiner Enge herausgerissen in eine befreite, schönere Welt, von der er glaubt, daß in ihr das Menschsein voller glücke. „Hier bin ich Mensch, hier darf ich's sein!"

Es gibt vielerlei solcher weltlicher „Himmel", solcher „Jenseits des Diesseits". Diese „Himmel der Welt" sind überall dort, wo Welt und Dasein ihr Geheimnis, ihre Höhe und Tiefe öffnen und den Menschen rufen und locken hineinzuschreiten. Unaufhörlich ist der Mensch dabei, solche irdischen Himmel über seinem eingeengten Dasein zu suchen oder sie selbstmächtig aufzubauen. Die Faszination der Technik mit ihrem Funktionieren und ihrer Perfektion ist ein solcher Himmel oder die Wissenschaft, die mit ihrem Licht uraltes Dunkel aufhellt und den Anspruch erhebt, das Ganze zu durchschauen; das Schöne, aus dem letzte Gelungenheit und Vollendung als Hoffnung aufleuchten; der Rausch in allen seinen Formen, der den Menschen in gefährliche und seltsam lockende Erfahrungen stößt; die Versuchung der Macht ist ein „Himmel der Welt", in dem sich der Mensch wie Gott vorkommt und in blinder Selbstüberhebung die Rolle des Herrn spielt; ja selbst religiöse Erfahrung, die sich nur im Unbestimmten verliert oder sich in Askese und Leistung sonnt und rühmt, kann „Himmel der Welt" sein, der den Menschen für Gott verschließt.

Von diesen Himmeln der Welt gehen die Träume, Utopien, Verheißungen, Antriebe, Verlockungen und Bedrohungen des Menschen aus. Diese Himmel sind nicht schon der Raum Gottes, des Heiligen und Anderen, des Gegenüber von Mensch und Welt. Sie sind Tiefendimensionen der Welt. Sie können den Menschen aus dem Vordergründigen lösen und ihn auf den Weg zum Himmel Gottes rufen; sie können sich jedoch auch verführerisch als letztes Ziel ausgeben und auslegen und den Menschen in ihrer Mächtigkeit gefangennehmen. Sie können zur eigentlichen Versuchung werden, denn nur von Großem wird der Mensch fasziniert, erfüllt oder betört.

Von den Himmeln der Welt spricht auch die Heilige Schrift. Es gibt ein Wort im Epheserbrief, das für uns Heutige seltsam klingt. Dort wird gesagt, daß wir nicht nur gegen „Blut und Fleisch" zu kämpfen haben, „sondern gegen die Mächte und Gewalten, gegen die Weltbeherrscher der Finsternis, gegen die Geister des Bösen in den Himmeln" (6,12). Überreste eines veralteten Weltbildes, die zu beseitigen sind? In einer Weltsituation wie der unsrigen, in der offenbar das Dämonische wieder Raum gewinnt in der Welt und in den Menschen, ist dieses Thema voller Aktualität. In den Himmeln der Welt ist das Böse, das Gegengöttliche, Dämonische, für das es im Neuen Testament viele Namen gibt, mächtig. Dort, wo die Verheißungen und Bedrohungen für den Menschen herkommen, dort, wo seine Größe und Tiefe angerufen ist, ist auch Macht- und Wirkbereich des Bösen. Und dieses Böse ist zuletzt immer Eigenmacht und Eigenherrlichkeit, die zur Gegenmacht und Gegenposition, zum teuflischen Wesen des „Gegengott" und des „Antichristus" wird.

Daß es solche dämonischen Bedrohungen, Zusammenballungen und Verdichtungen des Bösen gibt und daß sie im Menschen Widerhall finden, wird kaum jemand bestreiten wollen, der mit offenen Augen durch die Zeit geht. Kann man von vornherein ausschließen, daß hinter diesen verführerischen Mächten Wesen von Intelligenz und Willen stehen, wie das Neue Testament sie sieht? Gehört nicht die Auseinandersetzung mit dem Satan und seinen Mächten und Gewalten zum Kern des erlösenden Werkes Jesu? Ist nicht der Sieg Jesu über den Satan und über die bösen Mächte und Gewalten Urbestand der apostolischen Verkündigung, von ihr nicht ablösbare Aussage über die ganze Tiefe und Macht der Erlösung? Die leichtfertige Verweisung solcher Aussagen in das „mythologische Weltbild" erklärt wenig. Was gemeint und ausgesagt werden soll, sei es mythologisch oder nicht, ist das Bewegende und Entscheidende.

Das Neue Testament hält sich nie bei nur neugierigen mythologischen Spekulationen und Enthüllungen über die Welt des Dämonischen auf. Es spricht davon nur so weit, als es zum Kampf mit dem Bösen nötig ist. Daß die Geister des Bösen „in den Himmeln" sind, ist eine wichtige und enthüllende Erkenntnis. Daß sie gerade die hohen Werte der Schöpfung, des Daseins, der Geschichte, ja der Religionen in verführerischem Glanz vorstellen und in einem eigenmächtigen, für Gott verschließenden Sinn auslegen und verfälschen, mahnt zu äußerster Nüchternheit und Wachsamkeit allen Faszinationen gegenüber. Wo die großen Utopien, Verheißungen und Hoffnungen aufleuchten, da gleißen auch die dämonischen Bedrohungen, Verführungen und Verschließungen.

Die Täuschung und Lüge zeigt sich besonders darin, daß die bösen Mächte nicht offen ins Licht treten, sondern sich maskieren, verbergen und entziehen. „Der Schein der Nichterscheinung gehört wesentlich zu ihrem Wesen" (H. Schlier). So erscheint zum Beispiel der Drache in der Apokalypse nicht selbst, sondern gibt „sein Vermögen, seinen Thron und große Gewalt" (Apk 13,2) dem Tier aus dem Meer, dem Symbol des antichristlichen Imperiums. Wenn die Menschen also vor dem Tier niederfallen und in den Jubelruf ausbrechen: „Wer gleicht dem Tier, und wer kann mit ihm Krieg führen?" fallen sie eigentlich vor dem Drachen, dem Satan, nieder, der sich im Tier, das heißt in der Faszination politischer und militärischer Macht, verbirgt.

Ein weiterer Hinweis des Neuen Testaments scheint von besonderer Aktualität für die heutige Auseinandersetzung zwischen Gott und dem Widersacher, der wirkt in den „Mächten und Gewalten". Im Epheserbrief (2,2) wird der „Herrscher dieser Welt" „Herrscher des Machtbereichs der Luft" genannt. Die Luft ist hier „der Geist, der jetzt am Werk ist in den Söhnen des Ungehorsams" (das heißt den Menschen, die das Evangelium abgelehnt haben), Luft ist das, was wir ununterbrochen und unbemerkt einatmen, die geistige Atmosphäre, das Klima einer Epoche, der Geist der Zeit und der Öffentlichkeit, die herrschenden Trends, die ungeprüft geltenden Verhaltensmuster. Hier besonders west und wirkt der Allgemeingeist des Unglaubens und des Ungehorsams gegen Gott. Man richtet sich wie selbstverständlich nach diesem Geist; wer gegen ihn handelt, ist ein Narr, ein

Träumer, ein Volks- oder Klassenfeind. Solche Trends, Strömungen und Massensuggestionen überfallen immer wieder die Menschheit nach nicht ganz beeinflußbaren und durchschaubaren Gesetzen.

Ist dies alles nicht eine pessimistische, düstere, krankhafter Fantasie entsprungene Sicht des Menschen und der Welt? Das Neue Testament jedenfalls stellt diese Sicht hart, unzweideutig und betont heraus. Und erst auf diesem dunklen Hintergrund kommt die biblische Botschaft voll zum Leuchten: „Jesus Christus hat ausgezogen die Mächte und Gewalten, hat sie offen zum Spott gemacht, da er über sie triumphierte durch das Kreuz" (Kol 2,15). „Gott hat ihn zu seiner Rechten gesetzt, in den Himmeln, hoch über alle Macht und Gewalt und Herrschaft und über jeden Namen" (Eph 1,21). „Am Kreuz wird die Macht der Mächte gebrochen durch die unzerbrechliche Macht der Liebe" (H. Schlier). Wer Jesus Christus ist, was sein Kreuz bedeutet, in welchen Bereich die Befreiung des Menschen reicht, wird in diesem Zusammenhang voll offenbar.

Der Grund der Freiheit

Freiheit ist eines der mächtigsten und schillerndsten Worte unserer Zeit. Es gibt zwei ganz verschiedene Grundverständnisse vom Menschen und seiner Freiheit. Das eine: Erst wenn Gott tot ist, wird der Mensch ganz frei. Und das andere: Nur wenn Gott lebt, ist überhaupt Freiheit in der Welt möglich. Gott – Feind der Freiheit oder Gott – Grund der Freiheit, das ist die entscheidende Frage.

Es gibt Anzeichen dafür, daß die rein emanzipatorische Freiheitsidee zusehends an sich selbst zu zweifeln beginnt. Innere Widersprüche werden sichtbar. Freiheitsgeschichte droht in Zwangs- und Unterdrükkungsgeschichte nie gekannten Ausmaßes umzuschlagen. Man braucht nur Solschenyzin und andere zu lesen, um das Ausmaß dieses Verhängnisses zu erfassen. Aber auch dort, wo keine politische Unfreiheit herrscht, meldet sich diese Umkehrung an. Der Mensch verfängt sich im Netz, das die auf sich selbst gestellte Vernunft in unerbittlicher Konsequenz immer enger knüpft. Der emanzipierte Mensch schafft sich eine Natur und ein Schicksal zweiter Ordnung: die zweckrationale, technokratische, verwaltete und verplante Welt. Gemessen an ihren Zwängen ist die von Gottes Schöpfung auferlegte Ordnung geradezu milde und menschlich. Es wird immer deutlicher: Freiheit kann der Mensch nicht machen und herstellen. Er muß zwar um sie kämpfen; doch im letzten läßt sie sich nicht erkämpfen. Wo wirkliche Freiheit erscheint, weist sie über den Menschen hinaus. Es ist immer ein neuer, geschenkter, unableitbarer Anfang nötig, wenn Freiheit Gestalt annehmen soll. Von wo sollte sie sonst herkommen? Allein die Bindung an die schöpferische, unendliche Freiheit Gottes macht Freiheit in einer Welt der Zwänge möglich. Nur sie macht frei von innerweltlichen Absolutheitsansprüchen. „Nicht daß Gott tot ist, sondern daß er ein lebendiger Gott der Geschichte ist, ist deshalb die Hoffnung der Menschen" (W. Kasper).

Noch schärfer vielleicht zeigt sich an der tragischen Verstrickung im Bösen, daß der Mensch sich nicht selbst befreien kann, sondern daß ein neuer geschenkter Anfang von Gott her nötig ist. Kein Mensch lebt ja nur aus sich selbst und für sich selbst. Er ist von anderen zutiefst bestimmt und geprägt, und er selbst wird anderen zum Schicksal. Er ist in den Zusammenhang der Geschichte verflochten und kann aus ihm nicht austreten. In diese Geschichte aber ist auch des Menschen Sünde und Schuld eingegangen und wie eine Lawine angewachsen zur „Macht der Sünde". Im allgemeinen Schicksal des Todes zeigt sich nach der Schrift die Herrschaft der Sünde. Der Mensch ist so sehr dieser Macht ausgeliefert, daß er in sich selbst eine unheilvolle Neigung zum Bösen trägt und in die Gemeinschaft der Ungehorsamen und Sünder gestellt ist, schon vor seinen persönlichen Entscheidungen. „Erbschuld" ist kein leeres, überholtes Wort. Es bringt ein wenig Licht in das undurchdringliche Geheimnis der Sünde und der Gnade; so viel, daß wir unsere wahre Situation erkennen können und von niemand anders Rettung erhoffen als von Gott. Wie soll der Mensch sonst aus dieser schrecklichen Umklammerung befreit werden? Es ist ein neuer, heiliger, liebend-gehorsamer Anfang nötig, eine neu beginnende Geschichte und Gemeinschaft der Gnade und des Heiles.

Diesen Anfang gibt es. An dieser Wende vom Unheil zum Heil steht die Gestalt Jesu Christi, des „neuen Adam", empfangen vom Heiligen Geist, geboren aus der Jungfrau Maria – auferstanden von den Toten", das heißt unableitbar-neuer, schöpferischer Anfang von oben, mitten in unserem Fleisch und Blut, mitten in unserer Geschichte. In dieser Sicht zeigt sich erst die volle Bedeutung Jesu Christi. Er ist unendlich mehr als irgendein „Modell" neben anderen; er ist der „neue Mensch", der „Anführer des Lebens", der „Erstgeborene von den Toten", der einzige Heiland und Retter. „Wo die Sünde mächtig geworden ist, wurde die Gnade übermächtig" (Röm 5,20). Die universale Verstrickung in das Unheil ist nur Schattenbild der ungleich mächtigeren Solidarität in der sieghaften Gnade Christi.

Neuer schöpferischer Anfang von Gott her, geschenkte Freiheit, Unschuld, Gnade; das „neue Herz", der „neue Geist", der „neue Mensch", das „neue Geschöpf", das „neue Leben", das ist die Hoffnung, die von der christlichen Botschaft verkündet wird. Ohne diese Hoffnung kann der Mensch auf die Dauer nicht menschlich leben. Er verfängt sich in das Netz seiner Vernunft, seiner Emanzipation und Autonomie. Gerade sein Ringen um Freiheit verstrickt ihn in Zwang, Unfreiheit und Schuld. Blinder Fanatismus oder das Gefühl der Sinnlosigkeit breitet sich aus. *Der Mensch, auf sich selbst gestellt, verfehlt sich selbst.* Selbstwerdung und Selbstverwirklichung gehen ins Leere und bleiben leere Worte. Wo aber der Mensch

Freiheit und Gnade als Geschenk erkennt und annimmt, gehorsam und dankbar, wird er nicht zur Untätigkeit verurteilt, vielmehr wird er im Tiefsten ermutigt. Sein Sinn für Freiheit, Wahrheit, Gerechtigkeit und Menschlichkeit wird geschärft. Wo ein solcher Anfang geschenkt ist, da erst lohnt sich das Weitermachen. Dieser Anfang schenkt Mut zu ausdauerndem, geduldigem Tun, auch wenn vordergründiger Erfolg ausbleibt. Er befreit von der Verkrampfung und der Ausweglosigkeit jener, die meinen, alles allein machen zu müssen.

Es fällt uns oft schwer, an Neuanfänge im Leben zu glauben, besonders dann, wenn alles verstellt, verfahren und verbaut erscheint. Der Neuanfang Gottes in Jesus Christus, greifbar und faßbar in der Gemeinschaft der Kirche, dem Zeichen des Heiles, lädt uns ein, sich ihm immer wieder neu anzuvertrauen.

Eines dürfen wir dabei nicht übergehen. Der neue Anfang der Gnade ist von besonderer Art. Er ist nicht der mühelose Anfang des ersten Schöpfungsmorgens, nicht der großartig-spielerische Anfang des „Es werde". Er ist der hart erkämpfte Sieg des „Es ist vollbracht", Sieg der Liebe Gottes in Leiden, Sühne, Opfer, Tod. Diesem Anfang steht der unheimliche Widersacher Gottes und Verderber des Menschen gegenüber. Über ihn aber „ist das Gericht ergangen", er ist „hinausgeworfen" (Joh 12,31) und als Ankläger des Menschen vor Gott gestürzt (Apk 12,10). Man muß sehen, wer dem neuen Anfang Gottes entgegenstand und überwunden wurde, wenn man seine innere Kraft und Sieghaftigkeit ermessen will.

Neuer Anfang der Freiheit und der Gnade – ihr eigentlicher Ort ist immer das Kreuz, die sich opfernde, sich selbst verschenkende Liebe in Jesu Geist und

Kraft. Dort werden die alten Mächte des Ungehorsams besiegt. Dort wird unter Schmerzen die Verschlossenheit der Welt aufgebrochen für Gottes Freiheit und Liebe. In Gotteswort und Gottesdienst, in den Sakramenten der Kirche, im Gebet, Opfer und Zeugnis ihrer Glieder geschieht dauernd solch schöpferischer Anfang; mitten im alltäglichen Leben sind Einbruchstellen der Gnade und Freiheit.

Wir sollten sie entdecken und uns ihnen neu anvertrauen.

Des Gotteswortes mächtig

Fest des Heiligen Geistes, Geburtsstunde der Kirche – so wird Pfingsten genannt. Beide Namen entsprechen dem Bericht der Schrift. „In den letzten Tagen, spricht der Herr, will ich von meinem Geist ausgießen über alles Fleisch … diesen hat er nun ausgegossen, wie ihr es selbst seht und hört", so deutet Petrus das Geschehen (Apg 2). „Die sein Wort aufnahmen, ließen sich taufen, und so wurden an jenem Tage an die dreitausend hinzugefügt" – Geburtsstunde des neuen Gottesvolkes aus allen Völkern und Stämmen und Sprachen! Beides jedoch, was Wirken des Geistes und der Beginn der Kirche, geschieht in einer unscheinbaren, schon so oft als wirkungslos erklärten und erwiesenen Weise: in der Sprache. „Sie begannen zu reden" – darin erweist sich das Wunder von Pfingsten. In der Liturgie, besonders im Stundengebet der Kirche, ist es geradezu das Leitthema, das immer neu, staunend und preisend, aufklingt: „Coeperunt loqui, Alleluja – Sie begannen zu reden"! Darin besteht Gottes Tat und das Walten seines Geistes, daß die Geschichte Jesu sagbar wird, daß Kreuz und Auferstehung im Wort gegenwärtig und mächtig werden. Pfingsten ist die Geburtsstunde der Verkündigung, des Zeugnisses von Jesus Christus als dem Herrn, denn „niemand kann sagen: Herr ist Jesus, außer im Heiligen Geiste" (1 Kor 12, 3). Dieses neue Sprechen ruft die neue Gemeinschaft aus allen Sprachen zusammen. Dieses Sprechen erhebt sich zum „neuen Lied“, zum Lobpreis der großen Taten Gottes „in anderen Zungen“ (Apg 2,4). Deshalb kennt Pfingsten keinen Untergang, weil dieses Wort und dieser Lobpreis weitergeht, nicht in Fesseln gelegt werden kann und nie mehr verstummt.

Sie begannen zu reden – das ist das Pfingst*ereignis*. Die Sprache ist Urakt des Menschen. Nur was zur Sprache kommt, ist dem Menschen wirklich und ihm zu eigen. Nur in der Sprache können sich Menschen mitteilen, verstehen, miteinander verbunden sein. „Wahrheit ereignet sich im Dialog … und so gründet die Ordnung des Daseins, auch des gesellschaftlichen Daseins, wesentlich darin, daß die Sprache in Ordnung ist“ (Josef Pieper). In der Sprache greift der Mensch in die Geschichte aus, in ihr eröffnen sich ihm die Gegenwart, die Vergangenheit und die Zukunft. In der Sprache berührt er das schweigende, unaussprechliche Geheimnis Gottes.

In dieses menschliche Sprechen, in den innersten Kern des Menschlichen also, hat sich das Evangelium eingesenkt. Menschliches Sprechen und Hören wird aufgeschlossen für das Unsagbare, unfaßbare Geheimnis Christi, das von Ewigkeit her verborgen war in Gott, dem Schöpfer des Alls (Eph 3,9). Der Reichtum, die Herrlichkeit, die Breite und Länge, Höhe und Tiefe der Liebe Christi lebt in diesem Wort. Darin besteht das Wirken des Heiligen Geistes: „Er wird mich verherrlichen, indem er aus dem Meinigen nehmen und es euch kundtun wird“ (Joh 16,14). Der Geist ist die Macht, die das Geheimnis Christi erschließt, es an das Licht bringt, dadurch daß er es zur Sprache bringt, bezeugt und sieghaft weiterträgt. Das Christusthema ist dem Geist Gottes selbst anvertraut. Deshalb wird es in der Geschichte nie mehr verstummen, denn „der Geist weht, wo er will" (Joh 3,8) und gibt Zeugnis von Christus.

Pfingsten zwingt uns zu einer Besinnung auf den Grundvollzug des christlichen Glaubens und Lebens: Sprechen und Hören, Bezeugen, Bekennen und Lobpreisen. Pfingsten begründet den Glauben, daß in solchem Reden mehr ausgesagt, mehr gehört und bewirkt wird, als von Natur aus in der Macht menschlicher Worte liegt. Der Geist erfüllt solches Sprechen. Er ist mächtig in ihm. Pfingsten fordert von jedem einzelnen und von der ganzen Kirche, sich zu besinnen auf die erste, vornehmste Weise, in der Christus der Welt gegenwärtig bleibt. Christus ist da, wo der Heilige Geist ihn zur Sprache bringt. Sprache kann man nur das Reden nennen, das verstanden werden kann. Dazu ist nötig, daß in solches Sprechen unsere Frage, unser Zweifel, unsere Not und unsere Hoffnung eingeht. Im bloßen Nachsprechen des Überkommenen allein kommt der Reichtum Christi nicht zur Sprache.

Damit solches Sprechen aber nicht zum *Gerede* wird, ist ein weiteres erforderlich: es muß aus dem Schweigen kommen. Wortloses Verstummen und Schweigen vor Gott ist die tiefste Erfahrung unserer Armut. Der Geist – „Vater der Armen" nennt ihn die Pfingstsequenz – schenkt seine Sprache nur diesen Armen, und nur sie können auch den Zuspruch des Geistes verstehen. Wie das Schweigen vor Gott nötig ist, damit unser Gerede zur Sprache wird, so muß auch das Reden zu den Menschen immer von einem schweigenden Tun getragen und begleitet sein, damit Christus zur Sprache kommt. Es gibt ein religiöses Reden, das ins Leere geht und nichts ist. Es ist das Reden, dem die Liebe fehlt. Nur die Sprache der Liebe wird zuletzt verstanden. Liebe aber ist zunächst ein großes Wort. Was Liebe ist, wird am Kreuz sichtbar: das Dasein Jesu für uns. Wer daran Anteil erhält und wie Jesus für andere lebt im wortlosen Dienen, der bringt ihn so zur Sprache, daß er verstanden werden kann. Mit dieser Sprache können wir jederzeit beginnen. „Es ist nicht unsere Sache, den Tag vorauszusagen – aber der Tag wird kommen –, an dem wieder Menschen berufen werden, das Wort Gottes so auszusprechen, daß sich die Welt darunter verändert und erneuert... Bis dahin wird die Sache der Christen eine stille und verborgene sein; aber es wird Menschen geben, die beten und das Gerechte tun und auf Gottes Zeit warten. Möchtest du zu ihnen gehören...?" (Dietrich Bonhoeffer).

Ein neues, geisterfülltes, freimütiges Reden hat an Pfingsten begonnen. Das babylonische Zerrbild der Sprache ist überwunden. Die Sprache des Geistes stiftet Einheit und Verstehen unter den Menschen, „weil die Liebe Gottes ausgegossen ist in unsere Herzen durch den Heiligen Geist, der uns gegeben worden ist" (Röm 5,5). Die Macht dieser Sprache zeigt sich darin, daß sie vor dem Antlitz Gottes bestehen kann. „Sie begannen zu reden", das heißt nicht nur neues Reden zu den Menschen. Im Tiefsten ist es ein neues, freimütiges Sprechen zu Gott: das Abba-Vater-Sagen. „Sie begannen zu reden" bedeutet: von nun an „kommt der Geist unserer Schwachheit zu Hilfe. Denn wir wissen nicht, was wir beten sollen, wie sich's gebührt; aber der Geist selbst tritt für uns ein mit unaussprechlichen Seufzern" (Röm 8,26). In seinem berühmten Kommentar zum Römerbrief sagt Karl Barth von dieser Stelle: „Nicht daß wir eine hohe, höhere, ganz hohe Stufe des Betens erreichen, ist wichtig... Aber daß ein anderer, der Ewige, der ‚zweite Mensch vom Himmel‘ (1 Kor 15,47) übermächtig dasteht an unserer Stelle vor Gott, das ist die Rechtfertigung unseres Betens, die Realität unserer Gemeinschaft mit Gott." Daß wir, die wir nicht wissen, was wir sagen und beten sollen, einen haben, der der Sprache mächtig ist, der die Zungen reden macht, das ist die Gnade und das Wunder von Pfingsten.

Die Todesangst Jesu und die Angst der Gegenwart

„Begnadete Angst" heißt der Titel eines bemerkenswerten Filmes. Das Schicksal der französischen Karmelitin aus der Schreckenszeit der Revolution macht Not und Gnade der Angst überzeugend sichtbar. Die Angst ist eine unheimliche Begleiterin unseres Daseins, eine finstere Macht unserer Zeit. Kritische Beobachter der Situation meinen, daß viele Erscheinungen in der heutigen Gesellschaft Maskierungen der Angst sind: Sucht, Sex, Rausch, Neurosen, Flucht aus der Leistungsgesellschaft in die Utopie, Protest und sogar bestimmte Formen der Kriminalität. Angst ist der drohende Schatten, den der Tod, das leere Nichts, vorauswirft. Angst ist nicht lediglich Furcht vor einer einzelnen, bestimmten Bedrohung, gegen die man angehen kann; in der Angst wird das Dasein selbst, alles, als brüchig, unzuverlässig, sinnlos erfahren. Angst ist Bedrohung und Verlust des Urvertrauens zum Dasein. Wo aber Angst jedes Vertrauen erstickt, da ist die Hölle.

Es scheint, daß das unterirdische Grollen der Angst in bestimmten Epochen der Geschichte besonders deutlich vernehmbar wird. Das ausgehende Mittelalter zum Beispiel war – ähnlich wie die Gegenwart – von tiefer Angst erschüttert. Christliche Gläubigkeit hat gerade in solch bedrohten Zeiten Gegenbilder der Angst gestaltet. Eines davon gehört zusammen mit dem Kreuz, dem Kreuzweg, der Pietà, dem Heiligen Grab zu den großen Symbolen der Passion: *der Ölberg.* Die gläubige Versenkung in die Todesangst Jesu in Getsemani und ihre künstlerische Gestaltung bringt Stummheit und Dumpfheit der Angst in gültige Sprache, öffnet, befreit und deutet sie. Die Ölbergsdarstellungen in vielen Kirchen – oft unbeholfen und bäuerlich im Ausdruck –, die von höchster Schönheit der Aussage und überzeugender Glaubenskraft erfüllte Ölbergszene in der Bachschen Mattäuspassion, die moderne Darstellung des Themas in Bernanos' „Begnadeter Angst" und in Gertrud von le Forts Novelle „Die Letzte am Schafott" sind Beispiele gläubiger Deutung. Sie alle haben ihren Ursprung in den biblischen Berichten, die allen zugänglich sind und zu jedem sprechen, der hören will.

Von der Todesangst in Getsemani berichten die drei Evangelien des Mattäus, Markus und Lukas. Man hat die historische Zuverlässigkeit dieser Berichte in neuester Zeit gelegentlich bezweifelt, weil die schlafenden Jünger da angeblich das Gebet Jesu nicht hören konnten. Dieser Zweifel wäre nur berechtigt, wenn man in einer geistlos-pedantischen Auslegung der Texte an einen Dauertiefschlaf der Jünger dächte. Die Getsemani-Szene ist zudem so hart und steht in vielen Zügen fast quer zum nachösterlichen Christusbild, daß sie als spätere Zutat schwer erklärbar ist. Am unmittelbarsten, schroffsten und wohl der geschichtlichen Wirklichkeit am nächsten ist der Bericht des Markusevangeliums (14,26–42). Mattäus und Lukas sind offensichtlich bestrebt, anstößige Härten zu glätten; bei Johannes vollends wird der Ort der Todesangst zum Schauplatz einer machtvollen Offenbarung des Gottessohnes. („Als er nun zu ihnen sagte: *Ich bin's,* wichen sie zurück und fielen zu Boden" [Joh 18,6].) So wie Markus Jesus in Getsemani schildert, erscheint er wahrlich als der „geschlagene Hirte", Grund, daß „die Herde sich zerstreut" und „alle an ihm Anstoß nehmen". Er, der so oft seine Jünger wegen ihres schwachen Glaubens getadelt und zur Furchtlosigkeit aufgefordert hat, beginnt in dieser schrecklichen Nacht „zu zittern und zu zagen, und er sprach zu ihnen: Meine Seele ist betrübt bis in den Tod. Bleibet hier und wachet." Und der so oft von „seiner Stunde" als seiner eigentlichen Bestimmung gesprochen hatte, „fiel auf die Erde nieder und betete, es möchte, wenn es möglich sei, die Stunde vorübergehen an ihm". (Mattäus mildert diese Stelle!) Es ist kein Zweifel, Jesus ist zutiefst erschüttert, geängstigt, angefochten von der furchtbaren, unausweichlichen Engführung, in die nun sein Lebensweg mündet. Hat nicht sein Vater unendlich viele Möglichkeiten und Wege? Warum dieser einzige, schreckliche Weg „in die Hände der Sünder", in die undurchdringliche Finsternis der Mächte und Gewalten, die ihm zutiefst zuwider sind, in Verrat, Haß, Feigheit, Lüge, Unrecht, Grausamkeit? Warum der Weg in die Abgründe der Bosheit und zuvor in die Hölle dieser Angst?

Die Angst und Not Jesu spiegeln sich wider im Verhalten seiner Freunde. Sie können ihm – selbst wenn sie wach und willens wären – in diese Dunkelheit nicht folgen, die inständigen Bitten Jesu dringen nicht in sie ein, sie sind – wie wir Sünder alle – zu stumpf, um zu begreifen, was hier geschieht; „sie wußten nicht, was sie ihm antworten sollten". (Diese Anmerkung steht wieder nur bei Markus.) Die Angst der ganzen Welt ist ihm allein aufgeladen in dieser Stunde am Ölberg. Ist jemals so hart, so endgültig und unerbittlich gesagt worden, was Angst ist und welche Macht sie hat – sogar über den Heiligen Gottes – wie in diesem Bericht?

Wo ist aber nun das Gegenbild der Angst? Es gehört zum Überraschendsten und Unerfindlichen dieses Berichtes, daß gerade die Todesangst Jesu sich lichtet in das innigste, vertrauteste, nur ihm eigene Wort: Abba! Mein Vater! „Er sprach: Abba, mein Vater, alles ist dir möglich, laß diesen Kelch vorübergehen an mir; doch nicht was ich will, sondern was du willst." Daß die Angst zu einem solchen Gebet verwandelt wird, ist das Licht in dieser Nacht am Ölberg. In diesem Beten ist nichts weggeredet von der Unbegreiflichkeit und Finsternis, in die Jesu Weg geht. Die Verschlossenheit der Angst jedoch ist offen geworden auf ein Antlitz hin, die Sprachlosigkeit der Angst ist gebrochen durch das Wort Abba, mein Vater. Ein unbegreiflicher, heiliger Wille und Sinn wird sichtbar. Die Hölle der Angst mit ihrer Endgültigkeit und Undurchbrechbarkeit ist aufgehoben. Seit Getsemani gibt es das Gegenbild der Angst, die „begnadete Angst", ein Vertrauen, das von der ungeheuerlichsten aller Ängste nicht verschlungen werden konnte, an dem sich seitdem alle Geängstigten halten können.

Angst ist die unheimliche Weggefährtin vieler Menschen, die „geführt werden, wohin sie nicht wollen". Flucht aus der Angst führt nur in neue Verhängnisse. Seit Getsemani brauchen wir nicht mehr aus der Angst zu fliehen. Wir treffen gerade dort, an dieser unheimlichsten Stelle des Daseins, Jesus an. Weil er die Angst in das Wort „Abba! Vater!" verwandelt hat, kann sie auch für uns Raum des Vertrauens, des Gebetes, der Gemeinschaft mit ihm und seinem Vater werden. Dafür wach zu sein ist seine Mahnung.

Die schlafenden Jünger konnten die Tiefe der Angst Jesu nicht begreifen und „wußten nicht, was sie antworten sollten". Das Bild des von seinen Freunden Alleingelassenen ist seitdem mächtiger Anruf, die Augen aufzutun und wachen Herzens die Angst der Bedrängten und Angefochtenen zu teilen. Oft sind sie nicht einmal „einen Steinwurf weit" von uns entfernt. Nach einem schönen Brauch, der in der Gefahr ist, vergessen zu werden, läutet am Donnerstagabend die Glocke zum Gedächtnis der Todesangst Jesu. Sie könnte Stimme der Hoffnung sein für die vielen Geängstigten unserer Zeit, daß sie nicht allein gelassen werden.

Passion als Evangelium?

Es scheint widersprüchlich, daß das Kernstück der Evangelien eine Leidensgeschichte ist. Leidensgeschichte als frohe Botschaft – dies ist schwer verständlich. Man wird sagen, zur Passion sei eben Ostern hinzuzudenken, dann hebe sich dieser Gegensatz auf. Doch eine solche Antwort ist zu oberflächlich. Das Licht von Ostern löst die dunklen Rätsel der Leidensgeschichte nicht einfach auf. Sie wird deshalb auch nicht nach Ostern wie etwas Überholtes zur Seite gelegt. Auch der Auferstandene trägt ja die grausamen Male seiner Leiden. Die Evangelien erzählen gerade die Leidensgeschichte mit besonderer Sorgfalt und Genauigkeit bis in kleine Einzelheiten hinein. Offenbar sind sie nicht der Meinung, daß die Erinnerung an Jesu Todesangst, an den Verrat des Judas, die Feigheit seiner Jünger, die Verhaftung in der Nacht, die Verhöre, das ungerechte Urteil, an den Kreuzweg und an das einsame, qualvolle Sterben seine Bedeutung nach Ostern verloren habe. Die Evangelien widersetzen sich der Versuchung, Jesu irdisches Leben und Sterben vorschnell in eine Erfolgs- und Triumphgeschichte umzudeuten. Sie erzählen auch nach Ostern seine Leidensgeschichte. Darin unterscheiden sie sich von der weithin herrschenden Tendenz, in der Geschichte von Menschen das Leid zu verdrängen und zu verschweigen.

Dieses Verdrängen und Vergessen, „die Unfähigkeit zu trauern", können wir im Kleinen und im Großen beobachten. In den Nachrufen auf einen Menschen ist meist nur von Leistungen, Erfolgen und Ehrungen die Rede. Das nie ausgesprochene, nie angehörte, nie getröstete, in das leere Vergessen versunkene oder verdrängte Leid läßt sich aber nicht wegwischen. Es bleibt eine Frage ohne Antwort, eine Anklage ohne widerfahrene Gerechtigkeit. Ein Leiden ohne Erinnerung ist ein ins Leere verhallter, vergeblicher Ruf.

In der großen Geschichte ist dieses Vergessen noch deutlicher. Sie ist, als Geschichte der Überlebenden und von Überlebenden geschrieben, meist eindimensionale Fortschritts-, Erfolgs- und Siegesgeschichte. Wer erinnert sich aber derer, die an den großen Heerstraßen liegenblieben, der Unterlegenen, in ihren Hoffnungen Enttäuschten, der Leidenden, Vergessenen und Toten? Wer erzählt ihre Geschichte? Es ist leicht, den Blick fröhlich in die Zukunft zu wenden, wenn man sich um die Trümmer hinter sich nicht schert.

Ein Kritiker der einseitigen, modernen Fortschrittsidee, Walter Benjamin, hat das originelle und einprägsame Bild gebracht, die Geschichte sei „gegen den Strich zu bürsten". Er spricht von der „Solidarität nach rückwärts", der Erinnerung an die Toten und Vergessenen. Nach dem, was im zwanzigsten Jahrhundert geschah, ist solche schmerzliche und „gefährliche Erinnerung" überaus nötig, damit unser Leben nicht an Täuschungen und Verdrängungen, sondern an der Wahrheit orientiert werde. „Die Geschichte gegen den Strich bürsten", gegen die Verherrlichung der Sieger und Erfolgreichen, gegen große Worte und Verheißungen, gegen herrschende Ideologien und Utopien, das bedeutet das vergessene Leid der Welt in Erinnerung bringen oder, besser gesagt, an die vergessenen Leiden der Einzelnen erinnern. Über sie kann man nicht philosophieren und theoretisieren, sie kann man nur schlicht erzählen, so wie Alexander Solschenizyn die Leiden Einzelner erzählt und so, als ersten Schritt zur Wahrheit, das Lügengespinst des Systems zerreißt; so wie die Evangelien die Leiden eines Einzelnen erzählen und in diesem Bericht die Leiden aller der blinden und stummen Vergessenheit entreißen, weil dieser Eine nach göttlichem Ratschluß für alle litt.

Leidensgeschichte als frohe Botschaft? Auf dem Hintergrund der angedeuteten Fragestellung können nur einige Züge aus der Leidensgeschichte Jesu sichtbar gemacht werden. Sie führen vielleicht auf eine Spur, die zu sehen heilsam ist.

Es ist allein schon befreiend, daß Leiden nicht in dumpfer Stummheit verbleibt, sondern in die Helle der Erinnerung und der Sprache kommt. Die Leidensgeschichte Jesu entreißt die Leiden der Ungezählten der Vergessenheit und bringt sie vor den Menschen und vor dem Angesicht Gottes in Erinnerung, denn in dem Leiden des Einen kommen die vergessenen, ungetrösteten Leiden aller zur Sprache, weil er das Lamm Gottes ist, auf das alles Leid der Welt gelegt wurde.

Die Leidensgeschichte Jesu zerreißt das Lügengespinst, die Selbstrechtfertigung und das Rühmen des Menschen. Sie enthüllt die Wahrheit über den Menschen und seine Geschichte. Sie zeigt, daß die Wahrheit Gottes dort, wo sie sich den Menschen am reinsten zeigt, nämlich in der Person Jesu, zur Leidensgeschichte wird. Darin besteht ja die Passion, daß „der Menschensohn in die Hände der Sünder überliefert wird" (Mt 26,45) oder einfachhin gesagt: „in die Hände der Menschen ausgeliefert wird" (Mk 9,31). Es bedarf der Passionsgeschichte, um die Augen zu öffnen für das Ungeheuerliche, das geschieht, wenn der Mensch Menschen ausgeliefert wird. Einen mächtigeren Impuls zum Insichgehen, zum Umdenken, zur Absage an das Herrschen, zum demütigen Dienen gibt es nicht.

Es bedarf auch dieser Leidensgeschichte, um unsere Stumpfheit gegenüber dem Leiden und den Leidenden zu überwinden, und wach und sehend zu werden. „Die Fähigkeit zur Identifikation mit fremden Leiden ist, ausnahmslos in allen, gering" (Th. W. Adorno). Wer aber die Passion Jesu hört und in irgendeiner Weise davon wach und betroffen wird oder wer gar an Jesus glaubt und in dieser Leidensgeschichte und der von ihr untrennbaren Botschaft von der Auferstehung das erlösende Handeln Gottes erkennt, der wird in einer neuen und tiefen Weise aufgebrochen, sensibilisiert; er kann am Leiden nicht mehr unbeteiligt und ohne Hoffnung vorübergehen.

In der Leidensgeschichte Jesu gibt es Schlafende, Flüchtende, Gaffer und Spötter, Richter und Quäler. Es gibt aber auch die Mutter Jesu und eine kleine Gruppe, die unter dem Kreuz stand und mitlitt. Nur in dem Maße, als die Fähigkeit in uns wächst, bei den Leidenden zu stehen und das Schwert der Schmerzen in unser eigenes Herz eindringen zu lassen, fangen wir an, Menschen und Christen zu werden.

Erinnerung an das Leiden ist dringend nötig, aktuell und ein Teil der christlichen Botschaft. Diese Erinnerung allein gibt jedoch noch keine genügende Antwort auf die Frage nach dem Sinn des Leidens. Sie verleiht wohl die Fähigkeit zu trauern, schenkt aber noch nicht christliche Hoffnung. Im Gegenteil: Je schärfer und umfassender die Erinnerung an das Leiden wach wird, um so mehr können auch Hoffnungslosigkeit und Verzweiflung wachsen. Erst die Antwort Gottes auf das im Leiden Jesu und seiner Leidensgeschichte der Vergessenheit entrissene Leiden der vielen, nämlich die Auferweckung des Gekreuzigten, erlöst das erinnerte Leid, denn „wir haben eine lebendige Hoffnung, auf Grund der Auferstehung Jesu Christi von den Toten" (1 Petr 1,3). Das Gedächtnis seines Leidens *und* seiner Auferstehung ist die volle, befreiende christliche Botschaft.

„Ich gedenke deiner früheren Wunder!"

Es ist etwas anderes, über den Tod zu philosophieren, und wieder etwas anderes, seine unmittelbare, beängstigende Nähe durchzustehen. Eine schwere Krankheit, das Bangen und die quälende Ungewißheit um das Leben eines lieben Menschen, der Schmerz über den Tod treuer Weggenossen, die mit uns Freud und Leid langer Strecken teilten, stößt uns in Trauer, die unheilbar scheint. Bei allen anderen Schicksalsschlägen besteht immer noch ein Fünkchen Hoffnung, daß sich doch wieder irgendein Weg zeige. Der Tod schneidet alle Wege ab. Er dringt in das Fest unseres Lebens ein wie der schauerliche steinerne Gast in Mozarts Don Giovanni.

Großer Schmerz und besonders der Tod werfen uns ganz auf uns selbst zurück. Sie scheinen die schreckliche Ahnung zu bestätigen: Im Letzten bist du ganz allein gelassen. Die Dunkelheit und Trostlosigkeit kann so groß werden, daß Worte sie nicht mehr durchbrechen können. „Wie tröstet ihr mich so vergeblich", hat Ijob zu seinen geschwätzigen Freunden gesagt (21,34). Das schweigende Dasein und Mittragen ist in einer solchen Stunde die einzige Möglichkeit der Hilfe.

Selbst die *Worte des Glaubens* können sich in solcher Dunkelheit seltsam unwirklich, blaß, wie von außen kommend und außen bleibend, wie für bessere

Zeiten reserviert, ausnehmen. Die *Psalmen,* dieses durch und durch wahrhaftige Gebet, weisen uns einen der Bedrängnis des Herzens überaus entsprechenden Weg aus dieser Verschlossenheit und Verzweiflung. Es ist ein Weg, der anknüpft an Gegenerfahrungen, nicht an Theorien und moralischen Appellen. In großer, auswegloser Not und Gottverlassenheit besinnt sich der Beter oft auf etwas, das genauso Wirklichkeit ist in seinem Leben wie die gegenwärtige Not, nämlich auf die früher erfahrene Hilfe, das Erbarmen und die Treue Gottes. „Ich gedenke deiner früheren Wunder" (Ps 77, 12). Das eigene Leben, das jetzt so sinnlos scheint, ist einmal von Gottes Hand angerührt worden, in ihm sind Gottes Zeichen sichtbar. Der Dank dafür öffnet die Not zum Vertrauen. So ist der Gedankengang im Gebet aus dunkelster Gottverlassenheit, das Jesus selbst in seiner Todesstunde zu sprechen begann: „Ja, du halfst mir aus dem Mutterschoß, du bargst mich an der Mutterbrust. Dir bin ich anvertraut von Jugend an. Vom Mutterleib an bist du mein Gott" (Ps 22, 10–11). Gott hat einmal zu mir Verlassenem ja gesagt; dieses Ja bleibt als innerster Kern meiner Lebensgeschichte, als fester Halt, auch jetzt, da der Abgrund sich auftut. Und wie an mir, so hat er an den „Vätern" gehandelt; sein geheimnisvoller Plan zeichnet sich ab: „Auf dich vertrauten unsere Väter, sie vertrauten, und du hast sie gerettet" (Ps 22, 5). Dieses: „Ich gedenke deiner früheren Wunder" ist etwas ganz anderes als Flucht aus unerträglicher Gegenwart in goldene Erinnerung. Bloße Erinnerung macht die Gegenwart nicht anders. Im Gegenteil, der Gegensatz zwischen einst und jetzt verstärkt die Hoffnungslosigkeit. Das Gedenken jedoch an die „früheren Wunder" taucht die Gegenwart in neues Licht. Zu wem

Gott einmal das Ja seiner Liebe und Treue gesagt hat und von dem er die Antwort des Vertrauens und des Dankes hörte, den wird er nie mehr vergessen und fallen lassen. Daran kann man sich in schweren Stunden halten.

Sollte diese Glaubenserfahrung Israels nicht auch für uns ein Weg zum Vertrauen werden können, wenn die „Todesschatten" auf unsere Wege fallen? In hoffnungsloser Lage, in schwerer Krankheit, in trostloser Trauer, wo alle Worte schal werden: „Ich gedenke deiner früheren Wunder"? Solche Zeichen Gottes gibt es im Leben jedes Glaubenden: eine unerwartete Wendung, in der wir Gottes Hand erkannten; die Erfahrung der Nähe Gottes in vertrauensvollem Gebet und im Gottesdienst; erfahrene Gemeinschaft mit Christus; das Wort der Vergebung im Sakrament der Versöhnung.

Sollte Gott, der unsere unwiderrufliche, schuldige Vergangenheit zum neuen Anfang wandelt, dem physischen Tod gegenüber weniger Macht haben? Sollte der, der uns unsere Vergangenheit abnimmt, nicht unsere Zukunft übernehmen können?

Solche Erfahrungen werden von keiner Dunkelheit mehr ausgelöscht. Sie leuchten über alle unsere Wege als Zeichen der Treue Gottes. Sie sind Hoffnungszeichen auf den Nachtstraßen unseres Lebens. Von dieser Glaubensgeschichte unseres eigenen Lebens aus, im Gedenken „an die früheren Wunder Gottes", ist uns vielleicht leichter der Blick möglich auf die Verheißungen Gottes in seinem Wort, den heiligen Schriften des Alten und Neuen Bundes, die unsere eigenen Erfahrungen tragen und erst voll bestätigen.

Vielleicht wird für viele aus ihrem Glauben an Gott unmittelbarer einsichtig als in philosophischen Überlegungen, daß mit dem Tod nicht alles aus sein kann. Die Treue Gottes, die wir jetzt und hier schon erfahren, kann niemals aufhören, denn Gott narrt und verspottet uns nicht. Wen Gott ruft, wird nie mehr ein Namenloser, wen er anblickt, mit dem Blick seiner Liebe, fällt nie mehr in ewiges Vergessen, mit wem er spricht und wen er zur Antwort befähigt, verfällt nie mehr ewiger Stummheit. „Mit wem Gott einmal begonnen hat zu reden, sei es im Zorn oder in der Gnade, der ist fürwahr unsterblich" (Martin Luther).

Daß Gott auch „in der Unterwelt" des Todes, „an den Enden des Meeres", gegenwärtig ist und daß uns auch dort „seine Rechte faßt" (Ps 139,8–10), ist zum Greifen deutlich geworden in dem, „der gestorben und lebendig geworden ist, daß er der Herr sei über Tote und Lebende" (Röm 14,9). So voller Schrecken und Finsternis das rätselhafte Land des Todes ist und bleibt: es ist sein Herrschaftsgebiet, ihn treffen wir dort an und auch auf dem Weg dorthin; er empfängt uns am anderen Ufer. Tiefer als dorthin, wohin er sich erniedrigt hat, können wir nicht fallen. So wird die Frage nach den Einzelheiten unseres Zustandes nach dem Tode in einem höheren Sinn uninteressant. „Die Frage lautet nun nicht mehr, was mit mir los sein wird, sie lautet, wer bei mir bleibt und mich als sein Eigentum festhält" (Helmut Thielicke).

Not und Tod sind oft Ursachen der Verbitterung und Verzweiflung. Sie können aber auch Wege zu Vertrauen und Hingabe werden. Gottes Wunder- und Hoffnungszeichen sind gerade auf diesem Wege aufgerichtet. Im letzten sind wir nicht allein gelassen.

Findet der Christ sich mit dem Tod ab?

Es ist eine durchaus tröstliche Gewißheit: Gott hält dem Menschen auch in Not und Tod die Treue. So ist es unzählige Male in der Heiligen Schrift verheißen; so haben es die Glaubenden immer wieder erfahren. Wer an diesem Glauben festhält, ist auch im Todesdunkel nicht ohne Licht. Er ist im Letzten nicht allein gelassen.

Ist mit dieser gläubigen Sicht nun das Rätsel des Todes gelöst? Ist nun der Tod für den Glaubenden etwas, mit dem er sich getrost abfinden kann? Ja noch mehr – sind Leid und Tod nicht die eigentlichen Chancen für letzte, vertrauende Hingabe an den treuen Gott?

Gewiß ist das alles wahr. Und doch ist es nur das halbe Evangelium. Das Evangelium spricht nicht nur davon, daß wir Leid und Tod im Glauben und in der Gemeinschaft mit Christus bestehen können, es verheißt eine „neue Schöpfung" ohne Leid und Tod. Es spricht nicht nur von der Bewältigung des Todes in der Innerlichkeit des Glaubens, sondern von der „Auferstehung des Fleisches". „Und er wird abwischen alle Tränen von ihren Augen, und der Tod wird nicht mehr sein, und kein Leid noch Geschrei, noch Schmerz wird mehr sein, denn das Erste ist vergangen. Und der auf dem Throne saß sprach: ‚Siehe, ich mache alles neu'" (Apk 21,4–5). Selbst auf die Gefahr hin, daß Utopisches und Phantastisches sich mit den Hoffnungsbildern einer neuen Schöpfung vermengen, darf diese Botschaft nicht zu existentieller Innerlichkeit verkürzt werden.

Es geht also der christlichen Botschaft nicht allein um ein „seliges Sterben", um Trost und Hilfe für den einzelnen, wobei die Welt beim alten bleibt, ohne Hoffnung der Todesherrschaft ausgeliefert. Wer aufmerksam auf die Botschaft der Schrift hört, für den zeigt sich der Tod anders. Er ist der „letzte Feind", der zu vernichten ist (1 Kor 15,26). In der Herrschaft der Sünde, des Leids und des Todes wird die Spannung, ja der Widerspruch zwischen dem gegenwärtigen Zustand und der Verheißung Gottes in aller Schärfe deutlich. Im Neuen Testament wird dies so ausgedrückt, daß von der gegenwärtigen Wirklichkeit der Christusgemeinschaft zugleich als von einem „jetzt schon" und einem „noch nicht" gesprochen wird. „Jetzt schon" ist der Getaufte „in Christus", „mit Christus lebendig gemacht" (Eph 2,5), im Leben, „auch wenn er stirbt" (Joh 11,25), „aus der Macht der Finsternis errettet und versetzt in das Reich des Sohnes seiner Liebe" (Kol 1,13). Aber dieses Leben ist noch „verborgen" (Kol 3,3); es muß erst noch voll herauskommen und sich durchsetzen. Danach seufzt und stöhnt die ganze Schöpfung in Geburtswehen (Röm 8,18–25). „Wir sind Kinder Gottes, und es ist *noch nicht* erschienen, was wir sein werden" (1 Joh 3,2). Unser christliches Leben und Sterben ist noch nichts Fertiges. Es ist „auf dem Wege sein", „Wurf nach einem höheren Ziel".

Diese Spannung christlichen Lebens ist von großer praktischer Tragweite.

Das „jetzt schon" bewahrt vor der Flucht in eine

ferne, utopische Zukunft. „Jetzt" ist Zeit der Gnade, „jetzt" ist Stunde des Heiles. Mitten in Freude, Leid und Tod des Glaubenden bricht „das neue Reich" herein.

Das „noch nicht" bewahrt davor, daß wir „uns etwas vormachen". Es nimmt die Dunkelheit des Glaubensweges ernst; Schmerz bleibt Schmerz, und Tod bleibt Tod. Das „noch nicht" verweist auf Hoffnung als christlicher Gestalt des Glaubens: „denn auf Hoffnung sind wir gerettet" (Röm 8, 24). Das „noch nicht" läßt Gottes Verheißungen hervortreten, wie an klaren Herbsttagen ferne Berge sichtbar werden. Diese Sicht auf Gottes Verheißungen verbietet das Sich-Abfinden mit Ungerechtigkeit, Krankheit, Leid, Sünde und Tod in der Welt. Der Plan Gottes zielt auf Vernichtung dieser Unheilsmächte, auf Befreiung aus ihrer Unterdrückung. Unser Glaube und unsere Geduld können zwar an ihnen wachsen, aber dadurch werden sie nicht gerechtfertigt und bestätigt. Es ist kein Zufall und nicht nur aus dem Motiv vordergründigen Mitleids erklärbar, daß Jesus zeichenhaft Dämonen ausgetrieben, Kranke geheilt, Aussätzige rein gemacht und Tote auferweckt hat. In diesen Befreiungszeichen ist das scheinbar starre, unveränderliche Gefüge unseres Daseins aufgebrochen worden. Etwas Neues, Kommendes ist aufgeleuchtet, zum Vor-schein gekommen.

Aus diesem „noch nicht" ergibt sich auch die politische Dimension unseres Glaubens (trotz der Emotionen, denen dieses Wort ausgesetzt ist, sei es gebraucht). Verantwortete Kritik des Bestehenden, Kampf gegen Unwissenheit, Ungerechtigkeit, Leid und Tod gehen in die Richtung des Planes Gottes mit der Welt. Es ist zu einfach, solche Bemühungen vorschnell als Horizontalismus abzuwerten. Wo der Mensch freilich diese Bemühung zur Ideologie eines innerweltlichen Reiches der Freiheit oder eines irdischen Paradieses macht, bleibt keine Offenheit zur christlichen Hoffnung. Wo aber das geduldige Mühen um eine bessere Welt als Zeichen und Bild für die „neue Schöpfung" verstanden wird (nicht schon als ihre Wirklichkeit), da ist tätige christliche Hoffnung am Werk. So kann jedes gesunde Aufstehen am Morgen, jedes Gelingen eines Werkes, jede Hilfe in der Not, jede Befreiung aus unwürdigem Zwang, jede Erfahrung wirklicher Liebe zum Hoffnungsbild und Gleichnis, zum stärkenden, ermutigenden Zeichen, zum Vorschein des „Neuen" werden, das der verheißen hat, der auf dem Throne sitzt. Als Teilhabe am erlösenden Leiden und Sterben Jesu wird der Tod entscheidender Durchbruch zum neuen Himmel und zur neuen Erde, zur neuen heiligen Stadt, der Gott selbst ewiges Licht sein wird und in der die Tage der Trauer zu Ende sind (Jes 60,20).

Maria im Advent

Seitdem die Christenheit Advent und Weihnachten feiert, ist die Verehrung der Muttergottes gerade in dieser Zeit des kirchlichen Jahres eingewurzelt. Der heutige Neujahrstag ist altes römisches Marienfest, die klassisch-schönen Texte der Marienmesse vom Quatembermittwoch im Advent sind Vorbild des Rorateamtes zum Gedächtnis der Gottesmutter geworden. Liturgische Texte, Hymnen und Lieder des Advent und der Weihnacht kreisen immer wieder um das Geheimnis ihrer Jungfräulichkeit und Mutterschaft. Das Lichtfest zum Abschluß des weihnachtlichen Festkreises zeigt sie als Jungfrau und Mutter, die Israel und der ganzen Welt Christus bringt und aufs engste in seine Todeshingabe eingeht.

Das Geheimnis der Menschwerdung ist Wurzel und ursprünglicher Ort der Marienverehrung geworden im schönen Einklang mit dem Marienbild der Heiligen Schrift und noch ohne die spätere Vereinseitigung und Verselbständigung. Kunst, Volksfrömmigkeit und Brauchtum haben das Marienthema mit vielen Wurzeln im Advent und in der Weihnacht beheimatet. Die gesammelte Innerlichkeit, Offenheit, Erwartung, Hoffnung, Freude und Menschlichkeit dieser Zeit sind am Bild Mariens gewachsen und durch dieses mütterliche Bild verinnerlicht worden.

Die gnadenhafte Wirklichkeit des Advent kann man in die Aussage fassen: Gott fängt neu mit uns an. Für diesen neuen Anfang ist Maria Zeichen der Hoffnung. Ihre Erwählung als Mutter Christi, ihre Zustimmung zum Ratschluß Gottes, ist dieser neue Anfang. Das Lukasevangelium berichtet im ersten Kapitel, daß Maria ihr Kind nicht aus dem Lebensstrom der Natur empfing, sondern aus der Kraft göttlicher Verheißung, jedoch in Überbietung zu Elisabet und anderen glaubenden alttestamentlichen Frauen nicht nur als Unfruchtbare, sondern ohne Zutun des Mannes. „Maria aber sagte zu dem Engel: Wie soll das geschehen, da ich keinen Mann erkenne? Und der Engel antwortete und sprach zu ihr: Der Heilige Geist wird über dich kommen..." Die ganze kirchliche Überlieferung in West und Ost hat diese Aussage von jeher zum Kernbestand des Glaubens gezählt: „Empfangen durch den Heiligen Geist, geboren von der Jungfrau Maria." Daß Maria ihr Kind nicht von unten, nicht aus dem Willen des Mannes und aus der Kraft des Blutes, sondern von oben „aus der Kraft des Höchsten", „vom Heiligen Geist" empfing, ist ganz gewiß nicht als Mißtrauen und Verachtung gegenüber den natürlichen Vorgängen bei Zeugung und Geburt zu verstehen. So etwas liegt der Bibel in ihrer Unbefangenheit dem Geschlechtlichen gegenüber völlig fern. Es ist auch nicht die Beschreibung einer biologischen Merkwürdigkeit um ihrer selbst willen. Ein größerer Horizont und Zusammenhang wird hier errichtet: „Empfangen durch den Heiligen Geist, geboren von der Jungfrau Maria" besagt: hier ist ein neuer, schöpferischer, unableitbarer Anfang von oben, nur vergleichbar dem Anfang der ersten Schöpfung, als der Geist über dem Chaos schwebte und aus Finsternis Licht aufleuchtete.

Wer wollte sagen, daß ein solcher Neuanfang unmöglich sei? „Bei Gott ist kein Ding unmöglich." Nur wer die Welt als in sich verschlossenes System ansieht, das für göttliches Wirken undurchlässig ist, muß diesen überlieferten Glauben ablehnen und ihn in den Bereich des Mythos verlegen oder in symbolische Deutung ausweichen.

Vielleicht sollte man sich überlegen, was ein Theologe vom Format eines Karl Barth dazu sagt: „Hört nicht vielleicht doch bloß der das Zeugnis von dieser Sache (das Zeugnis von dem Geheimnis der Weihnacht), der sich an das Zeichen hält, mit dem das Zeugnis diese Sache nun einmal bezeichnet hat ..."

Gottes neuer Anfang mit uns, in der Geschichte sichtbar und greifbar in Jesus Christus, empfangen durch den Heiligen Geist, geboren von der Jungfrau Maria – es ist ein Anfang von oben, ein geschenkter, rettender, ganz und gar reiner, heiliger, von aller Untreue unberührter Anfang. In diesen großen Zusammenhang fügt sich auch die Überlieferung von Maria als der neuen Eva, bewahrt vor der Erbschuld, ein. Wo Gott einen neuen Anfang macht, da ist die Gnade überfließend, da ist alles Alte vergangen und Neues geworden.

Beim Verständnis dieser schwierigen Glaubenswirklichkeit geht es um die schöpferische Macht Gottes in der Geschichte und um die Freiheit des Menschen. Die Geschichte ist nicht ein geschlossenes System von Ursache und Wirkung, von These und Antithese, sondern Raum der schöpferischen Freiheit Gottes. Für dieses neue, befreiende und heiligende Eingreifen Gottes, für seine Macht, neue Anfänge mitten in Scherben und Trümmern zu setzen, ist Maria Hoffnungszeichen. Wer immer verzweifelt an der Ausweglosigkeit seines Schicksals, an der Zwangsläufigkeit geschichtlicher Entwicklungen, der soll hinblicken zu diesem Zeichen der Jungfrau, die den Anfang einer neuen Menschheit empfangen hat.

Hoffnungszeichen für den adventlich neuen Anfang Gottes mit dem Menschen; so ist sie Anführerin und Wortführerin aller, die sich in diesen neuen Anfang einlassen. Gott rettet die Welt nicht über die Köpfe der Menschen hinweg. In der entscheidenden Wendestunde der Geschichte Gottes hat ein Mensch, ein für Gott offener, hörender, vertrauender, demütiger Mensch „ja" gesagt, das überhebliche „nein" der Verweigerung überwunden und als das wahre Israel, die in der Bundestreue niemals wankende „Tochter Zion", die großen Verheißungen Gottes empfangen und zum Ziel gebracht.

Offensein für Gottes Ruf, ja sagen zu seinem Willen, Mitwirken an der Rettung des Menschen – die „Mutter der Glaubenden" ist diesen Weg gegangen. Gibt es eine liebenswertere, freundlichere Einladung, sich Gottes neuem Anfang anzuvertrauen als das demütige Bild Marias? Wo dieses Bild in den Advent und in die Weihnacht grüßt und leuchtet, löst es von der Unrast, sammelt zum Gebet, schenkt es Zuversicht und Hoffnung, sich neu auf Gott einzulassen.

Das Bild der schmerzhaften Mutter

In der bereinigten liturgischen Landschaft der Heiligenfeste ist wie eine antiquarische Seltsamkeit das Fest der Sieben Schmerzen Mariens (am 15. September) übriggeblieben. Manche Menschen haben wohl zu einem Gedenktag, der Schmerzen anscheinend zahlenmäßig registriert, keine Beziehung mehr. Doch gerade Seltsamkeiten reizen zum Fragen und Nachdenken. Sie weisen wie alte, mit schwer lesbaren Zeichen beschriftete Gedenksteine auf Ereignisse hin, die einst bewegendes Leben waren und in gewandelter Form uns vielleicht unversehens neu berühren können. Was einmal tief das Herz ergriff, wird nie mehr bedeutungslos.

Tatsächlich ist das verinnerlichte Betrachten und Mitleiden der Passion des Herrn eine mächtige, lebendige und kostbare Tradition christlicher Frömmigkeit. Von ihr ist auch die Andacht zu den Schmerzen Mariens getragen. (Die Siebenzahl bezeichnet das Vollmaß des Mitleidens.) Wo immer Christen auf den Kreuzweg und unter das Kreuz geführt werden, begegnen sie auch ihr, der schmerzhaften Mutter, der Anführerin aller Mitleidenden. So weit hergeholt, wie es zunächst scheint, ist diese Frömmigkeit nicht. In ihr lebt etwas ganz spezifisch Christliches: die durch Jesu Passion aufgebrochene Berufung und Fähigkeit zum *Mit-Leiden,* verkörpert im Bild der „Schmerzhaften

Mutter". Mitleid im Sinne von Mit-leiden, Compassio, das sind Worte, die im christlichen Bereich in letzter Zeit oft verdrängt wurden, aber unvermutet anderswo wieder auftauchen, weil sie eine große Sehnsucht des Menschen bezeichnen. Nur Mit-leidende können wahrhaft helfen und trösten.

Es ist erstaunlich, welcher Reichtum an Literatur, Musik und bildender Kunst um die Verehrung der schmerzensreichen Mutter sich entfaltet hat; Zeichen dafür, daß hier Zentren menschlicher und gläubiger Erfahrung berührt sind. Zu diesem Reichtum gehören das „Stabat mater" mit seinen weltberühmten Vertonungen, die Pietà, das Vesperbild, als Gnaden- und Trostbild an ungezählten Wallfahrtsorten zu finden, umgeben von der Not, den Gebeten und tiefer religiöser Erfahrung. Es ist viel zu oberflächlich, diese Frömmigkeit in das Gebiet des Gefühlvoll-Sentimentalen zu verweisen. Im 19. Jahrhundert entstanden zahlreiche kirchliche Vereinigungen, die sich unter dem Titel der Sieben Schmerzen Mariens der Armen und Kranken annahmen, offenbar, weil sie in der Mutter Jesu das Urbild christlichen Mit-leidens erkannten. Dieses bedeutet mehr als äußere Hilfe. Die oft unbeholfene und auch sentimentale Darstellung der Schmerzensmutter mit dem Schwert im Herzen war bis in dieses Jahrhundert hinein ein häufiges Andachtsbild in katholischen Familien auf der ganzen Welt. Man ist erstaunt über die Breite, Vielfalt und Allgegenwart dieser Frömmigkeit, die bis zum spanischen Frauennamen Dolores reicht.

Sollen wir uns solcher Traditionen schämen oder sie in einer Art Nostalgie zurückrufen? So wie es einmal war, kehrt Vergangenes nicht zurück, wohl aber in gewandelter Gestalt dort, wo ihm Zukunft bereitet wird. Das Bild der mitleidenden, unter dem Kreuz stehenden, bis ins Herz verwundeten Mutter Jesu sagt auch heute vielen Christen in dunklen Stunden vielleicht mehr als das Bild der strahlend-schönen Madonna, der erhabenen Gottesmutter, der Himmelskönigin. Im Schmerz und in der Finsternis, in die sie der unbegreifliche Wille Gottes führte, ist sie uns ganz nahe, als unsere Schwester im Glauben und in der Bedrängnis, in der Solidarität desselben Leidens.

Weil diese Frömmigkeit in biblischen Mutterboden eingepflanzt ist, wird sie nicht aussterben. Das Mitleiden der Mutter mit dem Sohn scheint in zarter Verhülltheit überall durch im Neuen Testament. Das Schwert traf sie wirklich „ins Herz", in das Innerste ihrer menschlich-mütterlichen und gläubigen Existenz.

Jede Mutter will ihr Kind in Heimat und Geborgenheit hineingebären, aber sie gebiert es in Heimatlosigkeit, Flucht und Fremde hinein.

Jede Mutter erwartet, daß ihr Kind angenommen wird von den Menschen, aber ihr ist geweissagt: „Er wird zum Zeichen, dem man widersprechen wird"; und: „Deine eigene Seele wird ein Schwert durchdringen."

Jede Mutter möchte ihr Kind als Gottesgeschenk festhalten. Aber sie muß es von früh an immer wieder hergeben.

Jede Mutter erhofft für ihr Kind ein gesegnetes Leben, aber sie muß unter dem Kreuz stehen, an dem die Verfluchten hängen.

So hart, so ohne fromme Verklärung ist in der Schrift der Glaubensweg beschrieben. Die Frömmigkeit hat richtig gesehen: hier tritt uns Jesu eigene Passion entgegen, zum ersten Mal mitgelitten, rein und urbildlich im Herzen der Mutter.

Von diesem Urbild des Mit-leidens berührt, hat der gläubige Sinn noch mehr entdeckt. Den Sieben Schmerzen Mariens werden die „Sieben Freuden" an die Seite gestellt. Dies will besagen: mitten im Leid erfährt der Glaubende Freude. Das gläubig getragene Leid ist Teilnahme am seligmachenden Leiden des Herrn. Kein Band bindet uns fester mit ihm zusammen. Gültigeres über das christliche Leben kann man kaum sagen. Wenn man also die seltsamen Zeichen deutet, führen sie zu neuem Leben.

Was einmal das Herz tief ergriff, wird nie mehr bedeutungslos. Vom Bild der schmerzensreichen Mutter kann man erkennen, daß „voller Gnade" und „voller Schmerzen" zusammengehören, daß Mit-leiden die Gestalt christlichen Lebens ist, seine Bedrängnis, aber auch sein Trost und seine Hoffnung. Wer das Mit-leiden in dieser Tiefe erfaßt hat, wird auch, wie die Erfahrung bestätigt, geöffnet, sehend, hellhörig und feinfühlig für die vielfältige Not der Menschen. Nur Mit-leidende können wahrhaft helfen und trösten.

Gottesdienst als brüderlicher Zuspruch

Es ist eine dauernde Aufgabe, die Formen des Gottesdienstes vor Erstarrung zu bewahren, damit in ihnen der Glanz ihres Inhaltes nicht versickere und erlösche, sondern aufleuchte und sichtbar werde.

Welche Kräfte des Lebens und der Gnade erweckt werden im rechten Singen und Beten einer Gemeinde, zeigt das Wort von den „Psalmen, Hymnen und geisterfüllten Gesängen" (Kol 3,16). Nach einer begründeten Auslegung der Schrift hat dieses Wort seinen „Sitz im Leben" im Gottesdienst der Gemeinde. Durch einen Vergleich mit der verwandten Aussage im Epheserbrief (5,15–20) wird der Sinn sehr deutlich. Dort sagt der Apostel: „Achtet also sorgfältig darauf, wie ihr euer Leben führt, nicht wie Toren, sondern wie Weise. Kaufet die Zeit aus, denn die Tage sind böse. Darum seid nicht unverständig, sondern seht ein, was der Wille des Herrn ist. Und berauscht euch nicht mit Wein – das ist liederlich –, sondern werdet voll des Geistes. Sprecht einander zu in Psalmen, Hymnen und geisterfüllten Liedern, singet und preiset den Herrn in eurem Herzen, sagt Gott und dem Vater allezeit Dank für alles im Namen unseres Herrn Jesus Christus."

Ein Hinhören auf dieses Gotteswort und eine Besinnung auf seine Aussage vermag unseren Blick zu öffnen für die geistliche Tiefe des rechten Betens und

Singens im Gottesdienst, die in der Offenheit für den Bruder und der Zuwendung des Herzens an den Herrn begründet ist.

Im Hintergrund der Gedanken des Apostels steht das Bewußtsein der zwielichtigen, von Licht und Dunkelheit, Heiligem und Bösem bestimmten Zeit zwischen dem Kreuz Christi und seiner Wiederkunft. Das Licht durchbricht bereits die Nacht, der Tag leuchtet herauf; aber auch die Nacht und ihre bösen Mächte sind noch wirksam. In dieser zwielichtigen Stunde, die voller Gefahr und voller Hoffnung zugleich ist, gilt es, die Augen aufzutun, sorgfältig hinzusehen, nüchtern zu unterscheiden zwischen Licht und Finsternis und mit den Gaben des Verstehens und der Weisheit den Willen Gottes zu erkennen. Der Christ hat die Aufgabe, diese böse Zeit auszukaufen: die Chance der Hoffnung und der Rettung, die sie in sich birgt, zu entdecken, zu ergreifen und zu nutzen. Dazu ist jene Einsicht und Weisheit nötig, die vom Heiligen Geist, dem Geist Jesu kommt. Das Erfülltwerden mit Heiligem Geist ist also das drängende Gebot der Stunde.

Wie kann dies geschehen? In vornehmlicher Weise, so meint der Apostel, in der gottesdienstlichen Versammlung der Gemeinde. Die zunächst recht seltsame Gegenüberstellung: „Berauschen mit Wein" und „Erfülltwerden mit Heiligem Geist" führt zu diesem Schluß. Der Apostel hat offenbar eine Situation im Auge, in der beides möglich ist. Es kann nur die Feier der Eucharistie gemeint sein, die noch verbunden ist mit dem brüderlichen Liebesmahl. Nicht das „Sich-Berauschen mit Wein", sondern die „nüchterne Trunkenheit des Geistes" ist der Sinn dieser Feier. Durch das „Einander-Zusprechen in Psalmen, Hymnen und geisterfüllten Liedern" ist der Geist in der Versammlung mächtig. Dadurch werden die Feiernden vor der Torheit errettet, sehend und weise, befähigt, die große Hoffnung der gegenwärtigen Weltstunde zu ergreifen und zu nutzen. In diesem großen Zusammenhang des christlichen Lebens steht also nach der Aussage der Schrift das Singen und Beten, das Zurufen und Antworten im Gottesdienst einer Gemeinde. Es ist nicht nur Ruf zu Gott, es ist auch Zuspruch an den Bruder, erfüllt vom Pneuma Christi. Es ist bekennendes, lobpreisendes Weitergeben des Wortes Gottes, eine Teilnahme an der Verkündigung der Kirche.

Solches Tun hat nicht das Ziel einer sentimentalen Erbauung; es dient der Auferbauung des Leibes Christi, indem es dem Wort Christi einen Raum schafft, damit er bei uns wohnen kann in seiner ganzen Fülle (Kol 3,16).

Liturgische Bemühung um tätige Teilnahme am Gottesdienst gerät leicht in die Gefahr der Geschäftigkeit, der unernsten, lebensfernen Spielerei und der Neuerungssucht. In der Sicht des Kolosser- und Epheserbriefes ist diese Gefahr behoben. Mittun im Gottesdienst ist brüderlicher Dienst aneinander, Zuspruch des Geistes. Es geht nicht um äußere Aktivität um ihrer selbst willen, nicht um pädagogische Mittel, die Gemeinde zu beschäftigen. Es geht um das Entscheidende: das Erfülltwerden mit dem Heiligen Geist, um sehend und weise zu werden, um die böse Zeit auszukaufen und den rettenden Willen Gottes zu ergreifen. Dazu „reden wir einander zu in Psalmen, Hymnen und geisterfüllten Liedern". Daraus wird auch die Verantwortung für den Gottesdienst deutlich: die Sorge um das Lautwerden des Wortes Gottes in ihm, um die Schönheit und edle Gestalt solchen Singens und Betens. Der Gottesdienst ist die Quelle des brüderlichen Zuspruchs. Je lauterer und klarer sie dort zum Fließen kommt, desto größer ist die Hoffnung, daß sie auch im Raum der Welt nicht versiege.

Das Singen und Beten im Gottesdienst ist für den Bruder offen und ihm zugewandt. Es ist Zuspruch des Geistes untereinander und füreinander. Für manche mag dieser Gedanke seltsam und wie eine Aufforderung zur Zerstreuung sein. Werden wir denn nicht aufgefordert, das Herz *beim Herrn* zu haben und bei ihm allein? Auch unser Text, auf den wir zu hören versuchen, weiß um diese Spannung. „Singet und preiset den Herrn in euren Herzen, sagt Gott und dem Vater allezeit Dank für alles im Namen unseres Herrn Jesu Christi." Der Zuspruch an den Bruder kommt aus einem Herzen, das zuinnerst und in seiner Tiefe beim Herrn ist und ihn preist. Der Zuruf an den Bruder kann nur Zuspruch des Geistes sein, wenn er zuvor und in der zentralen Mitte des Menschen, in seinem Herzen, als Lied der Anbetung und Liebe dem Herrn zugeeignet worden ist und durch ihn als Danksagung dem Vater dargebracht wird. Die Offenheit und Ansprechbarkeit des Gottesdienstes für die Brüder hängt also ab von der Offenheit unseres Innersten für den Herrn und der Zuwendung der Herzen an ihn. Die Aufforderung, die Herzen zum Herrn zu erheben, und die Bestätigung, daß es so geschehen sei, sind deshalb eigenster und ältester Gebetsruf der Eucharistiefeier.

Damit aber die Psalmen und Lieder, die Zurufe und Antworten des Gottesdienstes in der Tiefe des Herzens dem Herrn übereignet und zur Danksagung vor Gott dem Vater werden können, ist dauernde Bemühung um tieferes Verstehen, Deutung und Entfaltung,

Aufnahme in das gläubige Nachdenken nötig. Nichts ist unnützer, ja lächerlicher, als liturgische Wichtigtuerei, die der Einordnung in einen Zusammenhang und der Tiefe entbehrt. Der Blick auf die Brüder gibt ihr diese Einordnung und das dem Herrn zugewandte Herz diese Tiefe. Nur dadurch wird der Gottesdienst jene Berührung mit dem Heiligen Geist, die uns weise und sehend macht, daß wir nicht wie Toren unser Leben führen, sondern die Zeit auskaufen und einsehen, was der Wille Gottes ist; dadurch wird er Danksagung, Eucharistie, vor Gott dem Vater im Namen Jesu.

Messe als Osterfeier

In den Aussagen der Liturgiekonstitution bricht ein schon lange Zeit fast verstummter, mächtiger und strahlender Akkord neu hervor. Mehrmals spricht der Text von der Messe als dem „Pascha-Mysterium", der österlichen Feier; auch „Ostermahl", „Gedächtnis des Todes unter der Auferstehung" wird sie genannt. Eine neue *Osterfrömmigkeit* ist im Wachsen in der Kirche. Je tiefer und reiner die Kirche sich selbst verstehen lernt, desto mehr begreift sie sich als die aus der Seite des gekreuzigten Herrn geborene, mit seinem heiligen Leben beseelte Kirche. „Denn aus der Seite des am Kreuz entschlafenen Christus ist das wunderbare Geheimnis der ganzen Kirche hervorgegangen" (Liturgiekonstitution).

Der eigentliche Ort, an dem sich diese Frömmigkeit stets neu entzündet, ist die Feier der *Eucharistie.* Jede Messe ist Osterfeier. Wenn es uns gelingt, dieses österliche Gepräge neu zu entdecken, ist die Erneuerung des christlichen Lebens ein gutes Stück vorangeschritten.

Meistens sehen wir den österlichen Glanz um die Messe zuwenig. Ein Grund dafür ist, unter andern, auch das zu schmale, einseitige Verständnis der dogmatisch-katechetischen Formel von der Messe als der unblutigen Vergegenwärtigung des Kreuzesopfers, des Gedächtnisses des Todes Christi. In „Kreuz" und „Tod" hören wir nicht mehr den alten, sieghaften

Klang, wie er sich an einer zentralen Stelle des Eucharistischen Hochgebetes erhebt: „Daher sind wir eingedenk" nicht des bitteren, unheilvollen, sondern des „heilbringenden Leidens"; und nicht des Leidens für sich allein, sondern mit ihm unlösbar zur Einheit verbunden „der Auferstehung von den Toten und der glorreichen Himmelfahrt". Messe ist, weil sie Gedächtnis des Herrentodes ist, ebenso Gedächtnis der Auferstehung und Erhöhung, Gegenwart des Auferstandenen und Erhöhten, der uns sein Heil, seinen Frieden, seinen Geist spendet. Der entsprechende künstlerische Ausdruck für dieses Ineinander von Tod und Auferstehung ist das Gemmenkreuz, das Kreuz als Siegeszeichen, geschmückt mit Gold und Edelstein, vom Glanz des Siegers und seiner Herrschaft umstrahlt. An vielen Stellen der Meßfeier treten dem, dessen Sinne dafür geweckt sind, diese österlichen Züge entgegen.

Österlich ist schon die Herkunft der Messe. Sie ist aus dem Ostermahl Israels hervorgegangen. Darum ist in ihr bis heute das Gedächtnis der großen, wunderbaren Taten verwahrt, die Gott an seinem Volke wirkte: die Erinnerung an jenen Übergang von der Trauer zur Freude, von der Knechtschaft zur Freiheit, von der Fremde zur Heimat, die Israel beim Essen des Osterlammes feierte und die im Hinübergehen Jesu von dieser Welt zum Vater, in seinem Kreuz und seiner Erhöhung, erfüllt worden ist. Daß wir beim neuen Ostermahl mit dem Auferstandenen zu Tische sitzen, daß er der Tischherr ist und das Mahl, das „Herrenmahl", hat sich der Kirche von Anfang an unauslöschlich eingeprägt. Es ist auffallend, daß in der Schrift die Gegenwart des Auferstandenen unter seinen Jüngern fast immer mit einem Mahl verbunden ist. Wenn er ihnen das Brot bricht, werden ihre Augen geöffnet, und sie erkennen ihn. Am Tisch mit ihm, beim Essen mit ihm kommen sie zum Glauben, daß er wahrhaft auferstanden ist.

Herrenmahl feiern heißt an der österlichen Tischgemeinschaft mit dem Auferstandenen teilnehmen und im Glauben und der Liebe bestärkt werden. Deshalb hat von Anfang an nicht Trauer, sondern haben Freude und Jubel das Mahl der Kirche erfüllt. „Abwechselnd von Haus zu Haus nahmen sie das Brot und nahmen die Speise zu sich mit Frohlocken und in Lauterkeit des Herzens" (Apg 2,46).

Wenn wir sorgsam auf die verstreuten Hinweise des Neuen Testamentes achten, erfahren wir, daß die urchristliche Eucharistiefeier fast überflutet wurde von diesem österlichen Jubel, daß ein wahrer Enthusiasmus diese Feier durchwaltete und sich kundtat in Gebetsrufen, Akklamationen, neu aufbrechenden Hymnen und Psalmen, geisterfülltem Reden und Zuspruch, so daß Paulus sich nicht mit dem heutigen Problem zu beschäftigen hatte, wie man die Teilnehmer aktivieren solle, sondern mit dem anderen, wie man ihre Begeisterung mäßigen und in eine feste Ordnung bringen könne. Der Glaube an die Gegenwart des Auferstandenen erweckt die Gemeinde zum Essen der Speise mit Frohlocken und Lauterkeit des Herzens. Der Glanz, die Festlichkeit, die immer ein Kennzeichen der Eucharistiefeier war, ist Festlichkeit und Glanz von Ostern. Zu ausgedehnte Bußgebete und Schuldbekenntnisse, die frommer Volksbrauch oft in die Feier einführen wollte, hat die Kirche immer wieder mit sicherem Stilgefühl entfernt. Wo der Bräutigam zugegen ist, wird nicht getrauert und gefastet, denn die Hochzeitsgäste können nicht trauern, solange der Bräutigam bei ihnen ist (Mt 9,15).

Nicht nur in der Herkunft, auch in den einzelnen Formelementen der Messe ist auch heute noch österlicher Glanz sichtbar. Schon die Zeit der Eucharistiefeier ist zeichenhaft, sakramental von der Wirklichkeit Christi und seiner Auferstehung gefüllt. Der eigentliche Tag für die Feier ist ja nicht etwa der Todestag Jesu, sondern der Auferstehungstag, der Herrentag. Und es ist schon bald die Morgenstunde gewesen, die Stunde des Sonnenaufgangs, des neuen, unberührten, aus der Nacht aufsteigenden Tages. „Wir feiern die Eucharistie, obwohl sie am Abend eingesetzt worden ist, als Morgenopfer, weil wir damit der Auferstehung des Herrn gedenken", sagt Cyprian. (Diese Symbolik kann natürlich nicht gegen die Abendmesse bei anderen gesellschaftlichen Verhältnissen ins Feld geführt werden.) Das durch und durch österliche Gepräge der Eucharistiefeier formt auch den Wortgottesdienst. Eine Huldigung an den Auferstandenen Herrn, der gegenwärtig ist, wo zwei oder drei in seinem Namen beisammen sind, ist die feierliche Anrufung des Kyrios in neunmaligem Ruf – wir dürfen diese Anrufungen als an Christus gerichtet betrachten – und vor allem der österliche Lobpreis des Gloria, der von seinem Ursprung her Osterhymnus ist, übrigens auch am Gründonnerstag, wo er die Osterfeier einleitet. Der Gruß des Liturgen an die versammelte Gemeinde ist österlicher Gruß: Friede sei mit euch! Der Herr sei mit euch! Wohl die älteste, ehrwürdigste, ausdrückliche Huldigung an den Auferstandenen, der in seinem Wort in die Mitte der Glaubenden tritt und mit Licht, Weihrauch und durch Zurufe als gegenwärtig bezeugt wird, ist der Halleluja-Gesang zwischen Lesung und Evangelium. In der Osternacht wird er angestimmt. Ihr Geheimnis, ihre Gnade und Freude trägt er durch die Jahresfeier der Erlösung. Gregor der Große hat sich ausdrücklich den Bestrebungen widersetzt, das Halleluja auf Ostern zu beschränken. Ostern ist immer dann, wenn Eucharistie gefeiert wird.

Eine österliche Feier ist die Eucharistie vor allem durch die Gegenwart der Getauften. Wo die Getauften als Volk Gottes versammelt sind, ist das Mysterium der Auferstehung gegenwärtig, denn sie sind auf seinen Tod getauft, und Jesu Leben ist in ihnen wirksam (Röm 6). Nur in ihrer Mitte kann Eucharistie gefeiert werden. Die Besprengung mit dem geweihten Wasser, dem Zeichen der Taufe, stellt der zur Feier des Herrenmahls versammelten Gemeinde diese ihre österliche Bestimmung und Würde vor Augen. Eine österliche Feier ist die Eucharistie immer, weil der Priester kraft seiner Weihe in besonderer Weise den Auferstandenen sichtbar macht. Leo der Große hat noch ein lebendiges Wissen um diesen verborgenen Zusammenhang, wenn er verlangt, daß die Weihen immer in der Nacht zum Sonntag, dem Auferstehungstag, gespendet werden sollen, „damit alle vom Herrn besonders ausgezeichneten Einrichtungen in der Würde jenes Tages vollbracht werden, an dem alle Gnadengaben verliehen worden sind".

So ist für den, der die Zeichen zu sehen versteht, die Feier jeder Messe ganz durchstrahlt und erwärmt von dem österlichen Licht, das im Exsultet gepriesen wird, von dem „die Nacht hell wird wie der Tag", in dem die Kirche und die ganze Erde sich erneuern in österlicher Brüderlichkeit, Zuversicht und Freude.

Mit Bibelworten beten – aus der Bibel leben

Johannes Bours

Der Gott, der mein Hirte war mein Leben lang

Wie Bibelworte zu Gebet werden, wie sie sich mit meinem Leben verbinden und so immer mehr fruchtbar werden – darum geht es bei diesem völlig unkomplizierten Buch, das in einer geradezu befreienden Weise einfach und persönlich und überzeugend ist.

Die sechzig kurzen Bibelworte sind aus den beiden ersten Büchern der Bibel gewählt, gewaltige Worte aus den Schöpfungskapiteln, den Vätererzählungen, der Befreiungsgeschichte Israels, in denen bleibend gültige Glaubenserfahrungen und Lebenserfahrungen des Menschen gesammelt sind. Diese Worte werden nach ihrer Aussage, ihrem Zuspruch, ihrem Anspruch gedeutet; sie werden unter der Frage bedacht, wie ich Christus hierin erkenne, und mit einem Gebet beantwortet.

„… ein wirkliches Betrachtungsbuch, das geistliches Leben anregt und vertieft.“ *(Forum, Münster)*

2. Auflage. 128 Seiten, kart., ISBN 3-451-17991-1

Verlag Herder Freiburg · Basel · Wien